KNAUR
BALANCE

Sarah Desai

DU BIST MEHR ALS GENUG

Erkenne und nutze deinen Selbstwert

Mit Illustrationen
von Sarah Raidt

KNAUR
BALANCE

INHALT

Die *goldenen* Fenster

Es war einmal ein kleines Mädchen, das lebte in einem kleinen Haus auf einem grünen Hügel. Sie war glücklich. Und doch fehlte ihr etwas zu ihrem Glück, denn da gab es etwas, das sie sich mehr als alles auf der Welt wünschte: Jeden Tag gegen Abend, wenn die Sonne allmählich sank, saß sie auf der Türschwelle, stützte ihr Kinn in die Hände und starrte über das weite Tal hinüber zu einem Haus, das goldene Fenster hatte.

Wie Diamanten leuchteten die Fenster! Es war ein magischer Anblick, und sie konnte sich nicht sattsehen, sie wünschte sich sehnlichst, dass sie einmal in einem solch schönen Haus wohnen könnte. Tag für Tag, Jahr für Jahr faszinierte sie das Haus mit den funkelnden Fenstern, und als sie schließlich alt genug war, beschloss sie, das Haus ihrer Träume endlich zu besuchen. Sie packte Proviant ein und lief los. Aber sie brauchte länger, als sie gedacht hatte: Sie wanderte und wanderte, Stunden über Stunden.

Und als sie schließlich ankam, war die Sonne bereits untergegangen. Sie erlebte eine große Enttäuschung: Das Haus hatte gar keine goldenen Fenster. – Ja, es war nichts anderes als ein einfaches Haus mit ganz gewöhnlichen Fenstern! In dem Haus lebte eine Frau, und da es schon zu spät für den Rückweg war, bot sie dem Mädchen an, dort zu übernachten.

Wie groß aber war das Staunen des Mädchens, als sie am nächsten Morgen bei Sonnenaufgang erwachte und aus dem Fenster schaute: Fern über dem Tal stand ein anderes Haus mit goldenen Fenstern, und jedes einzelne davon blinkte und blitzte so herrlich, wie sie es nie zuvor gesehen hatte. Voller Erwartung lief sie darauf zu. Sie lief und lief.

Da erkannte sie es:
Es waren die Fenster des Hauses,
in dem sie wohnte.

– Verfasser unbekannt

DAS WUNDER BIST DU

»Wir Menschen reisen in die Ferne, um zu staunen über die Höhe der Berge, über die riesigen Wellen des Meeres, über die Länge der Flüsse, über die Weite des Ozeans und über die Kreisbewegungen der Sterne. An uns selbst aber gehen wir vorbei, ohne zu staunen.«

Augustinus von Hippo

Stell dir für einen kurzen Moment vor, du könntest dich selbst so betrachten wie ein Wunder der Natur. Was würdest du sehen? Welche Einzigartigkeit würdest du bestaunen? Worin liegt die Besonderheit dieses Wunders? Entdeckst du tiefe Wälder mit bunten Gewächsen oder ein weites Feld voller Gräser, die einem starken Gegenwind zu Trotz tanzen? Oder sind da hohe Berge, schier unerklimmbar, deren Felswände gezeichnet sind von den Furchen der Zeit, die heute Vögeln einen Platz zum Nisten bereithalten? Was siehst du, wenn du dich selbst voller Staunen annehmen kannst?

Jetzt frag dich: Würdest du den hohen Berg dafür herabsetzen, dass auf seinem Gipfel keine Wälder wachsen? Würdest du den Fluss dafür kritisieren, dass sein Wasser süßer ist als das Meerwasser? Und würdest du den Regenwald verächtlich abtun, weil er keine Wüste ist?

So poetisch diese Bilder auch klingen mögen: Dies ist ein konkretes und leider auch grundlegendes Problem von uns Menschen. Du, ich und wir alle spüren und wollen fast nie wahrhaben, dass wir gut sind, so wie wir sind. Wir denken an unsere vermeintlichen Makel, halten fest an einem lang zurückliegenden Fehler, erinnern uns an unerfüllte Wünsche und Träume, wir hören eingeschüchtert auf die Stimme in uns, die aufzählt, was wir alles nicht können. Dann fühlen wir uns zu klein oder zu groß, zu dumm oder zu langsam und schämen uns für unser Nicht-perfekt-Sein. Wir schämen uns vor uns selbst und vor allem vor anderen. Wir versuchen, eine Fassade aufzubauen, damit unsere vermeintlichen Ecken und Kanten bloß nicht entdeckt werden. Diese Fassade schützt uns jedoch nicht wirklich, vor allem nicht vor unserer Selbstkritik – aber sie verhindert, dass wir gesehen werden. Nicht gesehen zu werden, von anderen und von uns selbst, bedeutet, dass niemand das Wunder bestaunen kann, das wir sind! So wird die Welt der Schönheit beraubt, die wir in sie hinaustragen. Darunter, glaube mir, leiden wir alle.

Mit diesem Buch möchte ich dir zeigen: **Du bist dieses Wunder.**
Der Zweifel, die Unsicherheit, die Fassade: Das bist nicht du. Doch die scharfen Kanten, die unrunden Ecken, die dunklen Stellen und die aufgerauten Oberflächen: Auch das gehört zu dir. Und all das ist ein unverzichtbarer Teil deines Wunders.
Stell dir nun für einen kurzen Moment noch etwas anderes vor. Wenn du möchtest, kannst du dafür kurz deine Augen schließen und wirklich in dich kehren. Stell dir nun vor, du würdest aus tiefstem Herzen und mit voller Überzeugung sagen können:

> ***»Ich bin richtig, so wie ich bin. Alles, was ich bin, gehört zu mir. Ich erlaube mir, mich selbst so zu sehen. Dadurch, dass ich mein Wunder erkenne, erlaube ich auch der Welt, mich zu sehen. Ich bin richtig. So wie ich bin.«***

Was würde sich dadurch in deinem Leben verändern? Wie würdest du dich fühlen? Welche Träume erfüllst du dir? Wie ist es, in die Gesichter deiner Freunde und deiner Familie zu schauen? Wie ist es, Fremden in die Augen zu sehen? Wie ist es, dich selbst im Spiegel anzuschauen? Wenn du in dich hineinspürst und dein Wunder annimmst, kannst du dann auch spüren, wie sich alles in deinem Leben verändert? Wenn du sagen kannst: »Ich bin gut, so wie ich bin«, wie wird dann dein Leben? Sollte irgendjemand etwas anderes über dich behaupten, hätten seine Worte dann noch das geringste Gewicht? Wie fühlt es sich an, wenn du aus vollem Herzen »Ja« zu dir selbst sagst?

Das muss keine Fantasie bleiben, denn es gibt Wege dorthin.
In diesem Buch möchte ich dir diese Wege zeigen. Sie führen durch die folgenden drei Kapitel:

Selbstwert erkennen

Das Fundament deines Selbstwertes ist der Wunsch, dich kennen und verstehen zu lernen, ohne dich anders haben zu wollen. Schenk dir selbst deine ungeteilte Aufmerksamkeit. Dafür musst du nichts weiter tun, als deinen Blick nach innen zu richten und mit dem sein, was du dort findest. Mit deinen Gedanken, deinen Gefühlen, deinem Ganzen, deinem Verletzten, deinem Licht, deinen Schatten, deinen Stärken und deinen vermeintlichen Schwächen. Dir wird klar: Du bist richtig, genau so wie du bist.

Selbstliebe leben

Selbstliebe ist ein großes Wort, aber letztendlich ist sie nichts anderes als eine Entscheidung. Die Entscheidung, dir selbst fürsorglich, liebevoll und mit Respekt zu begegnen. Deine Grenzen zu achten und deine Bedürfnisse zu stillen. Diese Entscheidung ist keine einmalige, sondern eine, die wir jeden Tag, in jedem Moment aufs Neue treffen können.

Selbstvertrauen entwickeln

Alles, was du brauchst, trägst du bereits in dir. Da ist eine unermessliche Kraft voller Ressourcen und Wissen, die du im Laufe deines Lebens entwickelt hast und die mit jeder neuen Erfahrung wächst und stärker wird. Wenn du deine Augen für diese Kraft öffnest, kannst du sie nutzen und in die Welt tragen. Du wirst dadurch nicht nur zur Schöpferin deines Lebens, sondern auch zu einem Leuchtturm, dessen Licht die Wunder anderer erhellt!

ÜBER DEN UMGANG MIT DEM BUCH

Alle Methoden in diesem Buch sind so gestaltet, dass du sie in deinem Alltag anwenden kannst. Denn Wissen ist nur dann wirklich von Wert, wenn wir es (er)leben können. Und damit dies möglich wird, sollten wir es mit einer gewissen Stetigkeit in unseren Alltag integrieren.

Manche der Methoden erfordern ein wenig Mut und Ausdauer, aber vertraue mir, es lohnt sich. Denn dort, wo wir nicht hinschauen wollen, sind oft die wertvollsten Einsichten verborgen. Andere Übungen und Tools wiederum schenken dir sofort ein positives Lebensgefühl und Aha-Erlebnis, denn die Lösungen für unsere Probleme sind manchmal so herrlich naheliegend und einfach, dass wir es gar nicht glauben können. Manchmal reicht es schon, den Blickwinkel auf die Dinge ein wenig zu verändern. All das möchte ich dir zeigen.

Du kannst dieses Buch chronologisch von vorne bis hinten durchlesen und den Weg sozusagen Schritt für Schritt gehen. Ich habe es aber auch so konzipiert, dass du es an jeder beliebigen Stelle aufschlagen kannst, um die Methoden an die individuellen Bedürfnisse anzupassen, die deine Lebenssituation gerade erfordert.

Bevor es nun gleich losgeht, möchte ich dir noch kurz die einzelnen Coaching-Methoden und Tools erklären, auf die ich im Buch zurückgreife. Sie alle sind mit einem kleinen Piktogramm versehen, sodass du dich gut zurechtfinden kannst.

Methoden

Übung

Alle Übungen in diesem Buch sind praktischer Natur und gehen dadurch viel tiefer als ein rein intellektuelles Grübeln über unsere Lebensthemen. Sie bringen dich zum Umdenken, helfen dir, neue Entscheidungen zu treffen und neue Gewohnheiten zu etablieren. Du wirst so dein Mindset und schließlich dein Leben Stück für Stück neu ausrichten.

Meditation

In der Meditation lernen wir uns selbst Schritt für Schritt besser kennen. Unsere Gedanken, Gefühle und Impulse entwirren sich, und es entsteht Raum für neue Sicht- und Verhaltensweisen. Entscheide selbst, welche Sitz- oder Körperhaltung du bei den Meditationen einnimmst. Du kannst dich zum Beispiel mit aufrechtem Rücken in den Schneidersitz setzen, du kannst dich aber auch hinlegen, wenn sich das für dich gut anfühlt. Ebenso kannst du damit experimentieren, ob du mit offenen oder geschlossenen Augen meditierst. Räume dir für die Meditation etwa 10 Minuten ein.

Visualisierung

Unser Gehirn denkt in Bildern. Wir alle sind quasi Zuschauer unseres eigenen Films. Was für einen Film wir anschauen, hängt davon ab, welche Bilder wir unserem Gehirn anbieten. In den Visualisierungen entfaltest du deine Vorstellungskraft mithilfe von inneren Bildern, die dir dienlich sind und dich auf deinem Lebensweg stärken.
Räume dir auch für die Visualisierungen etwa 10 Minuten ein.

Atemübung

Dein Atem hat einen direkten Einfluss auf dein Nervensystem. Durch den bewussten Umgang mit deinem Atem kannst du die Produktion von Stresshormonen vermindern und sowohl deinen Körper als auch deinen Geist positiv beeinflussen. Für die Atemübungen in diesem Buch benötigst du nur 2 bis 3 Minuten und kannst sie somit ganz einfach in deinen Alltag integrieren.

Affirmation

Affirmationen arbeiten mit biologischen Prozessen im Gehirn und lenken den Fokus deines Geistes gezielt auf das, was du erfahren möchtest, statt auf deine Ängste und Zweifel. Wenn wir im Alltag regelmäßig mit Affirmationen arbeiten, helfen wir unserem Gehirn aktiv dabei, neue und heilsame Denkstrukturen zu bilden.

Mantra

Ein Mantra kann eine Silbe, ein Wort oder ein Vers sein. Seine Wurzeln liegen in der altindischen Sprache Sanskrit. Letztendlich kann aber alles zu einem Mantra werden, was mit dir räsoniert, denn Mantren wirken weniger auf der Denkebene, sondern vielmehr auf energetischer Ebene. Durch das fortlaufende Wiederholen eines Mantras entstehen Schwingungen, die deinen Körper, bis hin zur feinfühligen Seele, durchdringen.

SELBST-*WERT* ERKENNEN

LERNE DICH KENNEN

Deinen Empfindungen folgen

Ein guter Zugang zu deinen Gefühlen ist die Basis für ein gesundes Selbstwertgefühl. Deine Gefühle sind ein wichtiger Teil von dir. Wenn du sie kennst, kennst du dich selbst, was wiederum dazu führt, dass du dich mit dir und in dir sicher fühlst. Die folgende Übung soll dir helfen, allmählich einen sicheren und tiefen Zugang zu deinen Emotionen und Empfindungen zu entwickeln.

Suche dir einen ruhigen, bequemen Platz und nimm dir ein paar Augenblicke Zeit. Atme tief ein und vollständig aus. Zieh deine Sinne für einen Moment nach innen.

Was nimmst du wahr?
Eine Ruhe?
Eine Freude?
Oder ist da eine Unsicherheit?
Eine Nervosität?
Wie nimmst du das Gefühl wahr?
Als Kribbeln? Als Wärme oder Kälte?
Oder in einer anderen Form?

Erlaube dir, jeder Empfindung, jedem Gefühlston, der in dir aufkommt, gewahr zu werden. Nimm deine innere Welt wahr. Erforsche sie neugierig. Egal, was du spürst, nimm es einfach nur wahr. Sei mit dem, was du in dir findest. Vielleicht verändert sich deine Empfindung jetzt. Verändert seine Form oder seine Intensität. Das ist okay. Jede Regung und jedes Gefühl hat Platz. Sag ihnen Hallo. Sag dir Hallo. Vielleicht zum ersten Mal heute. Vielleicht zum ersten Mal überhaupt.

Wiederhole diese Übung, wann immer du ein paar ruhige Minuten hast. Mit der Zeit wird es immer leichter, Verbindung zu dir selbst aufzunehmen und deine innere Welt kennenzulernen.

Achtsamer Atem

Wenn wir lernen, unseren Atem intelligent und bewusst zu nutzen, können wir unseren Körper und unsere Gefühle positiv beeinflussen. Durch tiefes, bewusstes Atmen verlangsamen wir unseren Puls, und die Produktion von Stresshormonen wird deutlich verringert. Probiere daher, ein paar Mal am Tag bewusst und tief ein- und auszuatmen. Das allein kann viel bewirken.

Bringe hierfür deinen Fokus auf deinen Atem.

Atme ein.
Kannst du spüren, wie die kühle Luft
durch Mund und Nase einströmt?

Atme vollständig aus.
Spüre, wie die erwärmte Luft
aus Mund und Nase hinausströmt.

Atme noch einmal tief ein.
Spüre, wie die frische Luft die Enge deines
Brustkorbes füllt, weitet und dehnt. Genieße
den inneren Raum, der hierdurch entsteht.

Atme vollständig aus.
Spüre, wie mit der Ausatmung die erwärmte
Luft sanft aus dir herausströmt und dein
Brustkorb sich sanft senkt.

Atme ein weiteres Mal tief ein.
Nimm wahr, wie dein Atem deinen Brustkorb sanft durchflutet, ihn hebt und mühelos weiterfließt, bis in deinen Bauch, der sich jetzt leicht wölbt.

Atme aus.
Der Luftstrom fließt aus Bauch und Brustkorb, die sich beide sanft senken, und schließlich aus Mund und Nase.

All das musst du nicht künstlich erzeugen oder intensivieren – spüre einfach in dich hinein und nimm wahr, was bereits ganz natürlich vorhanden ist.

Atme auf diese Weise noch ein paar Atemzüge weiter und nimm wahr, wie sich dein Körpergefühl verändert. Vielleicht fühlst du dich ruhiger, geerdeter und näher bei dir als noch vor wenigen Augenblicken?

Schwierige Gefühle beruhigen

Es gibt Momente und Situationen, in denen fühlst du dich weder stark noch mutig. Auch das ist okay, denn du hast die Kapazität, mit schwierigen Gefühlen klarzukommen. Voraussetzung hierfür ist, dass du dich ihrer annimmst. Oft tun wir nämlich genau das Gegenteil: Wir drücken sie weg. Kurzfristig können wir unsere Gefühle so an unserem Bewusstsein vorbeischmuggeln, langfristig speichern wir sie dadurch aber in uns ab, wo sie heranwachsen, um dann an anderer Stelle unkontrolliert auszubrechen. Und plötzlich fühlen wir uns von ganz banalen Situationen auf der Arbeit bedroht, explodieren mit einem Wutausbruch oder unsere innere Unruhe bringt uns um den Schlaf.

Die folgende Übung unterstützt dich dabei, dich deinen schwierigen Gefühlen anzunähern und sie zu beruhigen.

Das Gefühl

Wie fühlst du dich? Wütend?
Ängstlich? Traurig? Welche Emotion
kannst du wahrnehmen?

Die Wahrnehmung

Wie und wo in deinem Körper kannst du das Gefühl wahrnehmen? Ist da eine Enge in deinem Brustkorb? Eine Anspannung in deinen Schultern? Zieht dein Bauch sich zusammen? Oder verkrampfen deine Finger und Zehen?

Der Atem

Atme jetzt ganz bewusst ein und aus. Lass deinen Atem in den Teil deines Körpers fließen, in dem das Gefühl sitzt. Spüre, wie dein Atem die Enge deines Brustkorbs weitet und dehnt. Schicke ihn in deine Schultern, die sich jetzt ein wenig entspannen und senken können. Schicke ihn in deinen Bauch, der sich jetzt mit jedem Atemzug natürlich nach außen wölben darf. Schicke ihn in deine Finger und Zehen, die sich sanft auffächern.

Kannst du spüren, wie das schwierige Gefühl jetzt mit jedem Atemzug kleiner und kleiner wird? Wie eine Fata Morgana löst es sich immer mehr auf, je näher du ihm kommst.

Deine emotionale Intelligenz

Ein gutes Verhältnis zu deinen Gefühlen offenbart dir wertvolle Botschaften.

Positive Gefühle überbringen dir die Botschaft Du bist auf dem richtigen Weg. Negative Gefühle warnen dich, dass etwas nicht stimmt und deine Aufmerksamkeit braucht. Das kann ein Konflikt, der Job, zu viel Stress, ein Gedanke über dich selbst oder etwas ganz anderes sein. Genauso wie deine positiven Gefühle sind auch deine negativen Teil deines emotionalen Führungssystems und weisen dir den Weg in dein glückliches und zufriedenes Leben. Alles, was du dafür tun musst, ist, ihnen aktiv zuzuhören. Man spricht hier auch von der emotionalen Intelligenz. In der folgenden Meditation lernst du, dich mit deiner emotionalen Intelligenz zu verbinden.

Das Herz
Zieh deine Schultern zu den Ohren und roll sie nach hinten und nach unten. Spüre, wie du allein durch diese kleine Geste dein Herz der Welt ein bisschen mehr öffnest. Verweile einen kurzen Moment bei diesem offenen Herzen.
Atme jetzt bewusst in dein Herz ein und aus ihm heraus aus. Nimm Kontakt auf. Zart, freundlich, bewusst. Wenn du magst, leg hierfür gerne eine Hand auf dein Herz.

Das Gefühl
Jetzt, da du in direkter Verbindung mit deinem Herzen stehst, bleib bei ihm. Hör deinem Herzen zu. Lass es sprechen. Es wird jetzt anfangen, Gefühle freizusetzen. Vielleicht ist da eine Traurigkeit, die angeschaut werden will? Oder eine Verletzlichkeit? Wut oder Scham? Was immer du jetzt fühlst, es darf da sein. Nimm dir ausreichend Zeit, dein Gefühl zu identifizieren.

Die Botschaft
Dein Gefühl ist nicht gekommen, um zu bleiben.
Es ist gekommen, um dir eine Botschaft zu überbringen. Hör ihm jetzt zu. Warum bist du traurig, verletzt, wütend oder schämst dich? Ist da ein Konflikt, den du beiseitelegen willst? Ein klärendes Gespräch, das es braucht? Eine notwendige Entschuldigung? Oder ist da ein Gedanke über dich selbst, der dir nicht guttut und endlich losgelassen werden will? Empfange die Botschaft.

Wenn du so weit bist, atme noch ein paar Mal tief durch und spüre die innere Klarheit, die sich jetzt in dir ausbreitet. Was ist der nächste Schritt, den du aus deiner neu gewonnenen Einsicht heraus gehen kannst?

Es gibt *zwei Arten* von Intelligenz

Eine erworbene, die sichtbar wird, wenn ein Kind in der Schule aus Büchern und Vorträgen des Lehrers Fakten und Begriffe memoriert, und Informationen aus den traditionellen wie auch den neuen Wissenschaften zusammenträgt.

Mit einer solchen Intelligenz steigst du in der Welt auf.

Du wirst vor oder hinter anderen eingestuft,
je nach deiner Fähigkeit,
Informationen zu verwahren.
Mit dieser Intelligenz wandelst du
in den Feldern der
Wissenschaft umher und sammelst
immer mehr Punkte in deinem Speicher der
Erinnerung an.

Aber es gibt noch eine andere Art von Speicher,
einen, der bereits vollkommen in dir ist.

Eine Quelle, die übersprudelnd
ihre Begrenzung sprengt.
Ein Gefühl von Frische inmitten
deiner Brust.

Diese andere Intelligenz
verblasst nicht und versiegt
nicht, sie ist im Fluss.

Sie muss sich nicht erst
durch die Leitungen des
technischen Lernens
einen Weg von außen
nach innen bahnen.

Diese Intelligenz
ist ein Urquell,
der aus deinem
Inneren entspringt und
sich von dort aus
nach außen verströmt.

- ***Rūmī***

Was denkst du über dich?

Ich möchte dir eine Frage stellen:
»Was hältst du eigentlich von dir?«
Überrascht dich diese Frage möglicherweise?

Das kann ich gut verstehen, denn wir bekommen sie so gut wie nie gestellt. Umso interessanter ist es, dass du dir selbst diese Frage jeden Tag aufs Neue beantwortest. Meistens wird deine Antwort eher nicht zu deinen Gunsten ausfallen, denn mal ehrlich, hattest du heute überwiegend wertschätzende Gedanken wie »Na klar schaff ich das.«, »Ich bin schön.«, »Die Menschen lieben mich.« oder doch eher kritische Gedanken wie »Ich kann nichts wirklich gut.« »Ich bin nicht besonders.« oder »Was wohl die anderen über mich denken?« Wahrscheinlich Letzteres, oder?

All diese Gedanken lassen dich in der Folge auf eine bestimmte Art fühlen, zum Beispiel verunsichert und entmutigt.

Du fühlst also, was du denkst, weil du deinen Gedanken glaubst, und so werden sie schließlich zu deiner Wirklichkeit.

Nimm dir jetzt einen Moment Zeit und mach dir deine negativen Glaubenssätze bewusst. Ich habe dir ein paar Glaubenssätze zusammengefasst, die mir in meinen Coachings immer wieder begegnen. Vielleicht kommt der ein oder andere dir ja bekannt vor:

»Ich bin nicht gut genug.«

»Ich darf mir keine Fehler erlauben.«

»Ich bin nicht liebenswert.«

»Ich muss alles alleine schaffen.«

»Ich krieg nichts hin.«

*»Nur wenn ich mich anstrenge,
bin ich wertvoll.«*

»Ich muss mich zusammenreißen.«

»Ich bin anders.«

»Ich bin nicht besonders.«

*»Ich muss beweisen,
dass ich von Wert bin.«*

»Ich darf keine Schwäche zeigen.«

*»Ich bin dafür verantwortlich,
wenn es anderen schlecht geht.«*

*»Ich muss mich
ganz besonders anstrengen.«*

»Ich muss mich anpassen.«

*»Ich werde nur geliebt,
wenn ich Leistung erbringe.«*

»Ich kann nichts richtig gut.«

»Eigentlich bin ich kein guter Mensch.«

Wenn du einen oder mehrere deiner negativen Glaubenssätze identifiziert hast, notiere sie und geh direkt weiter zur nächsten Übung.

Glaub nicht alles, was du denkst

Die gute Nachricht ist:
Nur weil du denkst, du könntest nichts wirklich gut, bedeutet es nicht, dass es auch so ist. Nur weil du denkst, keiner mag dich, bedeutet es nicht, dass es stimmt. Deine Gedanken über dich selbst müssen also nicht wahr sein. Mit der folgenden Technik kannst du deine negativen Glaubenssätze einer Beweisführung unterziehen. Sie ist angelehnt an die bekannte Coaching-Methode »The Work« der Autorin Byron Katie.

Identifiziere deinen negativen Glaubenssatz
Wähle einen deiner negativen Glaubenssätze aus. Am besten den, der dich aktuell am stärksten belastet. Zur Veranschaulichung der Übung wähle ich die Glaubenssätze »Ich bin nicht gut genug.« und »Keiner mag mich.«

1. Glaubenssatz
»Ich bin nicht gut genug.«

Wie lässt der negative Gedanke dich fühlen?
Verunsichert und entmutigt.

Wie lässt der negative Gedanke dich handeln?
Ich frage nicht nach der Gehaltserhöhung, obwohl ich so viele Überstunden mache.

Die Prüfung
Kannst du mit absoluter Sicherheit sagen, dass der negative Gedanke über dich selbst wahr ist? Kannst du mit absoluter Sicherheit sagen, dass »Ich bin nicht gut genug.« wahr ist?
Er begleitet mich bereits so lange, für mich fühlt er sich wahr an.

Aber gab es nicht auch Momente in deinem Leben, in denen du einen Erfolg hattest, eine Prüfung oder eine Aufgabe gemeistert und eine positive Rückmeldung bekommen hast?
Ja, die gab es.

Der negative Glaubenssatz ist also nicht absolut wahr.
Das stimmt. Er ist nicht absolut wahr.

Formuliere ihn jetzt so um, dass er wahr wird.

Umformulieren des negativen Glaubenssatzes
Ich muss nicht alles können, um genug zu sein. In manchen Dingen bin ich richtig gut. Ich tue mein Bestes, und das ist gut genug.

Wie lassen die neuen Gedanken dich fühlen?
Sicherer und mutiger.

Wie lassen die neuen Gedanken dich handeln?
Ich bitte meine Vorgesetzte nach einem Gespräch, indem ich die Gründe für meine gewünschte Gehaltserhöhung sachlich darlege.

2. Glaubenssatz:
»Keiner mag mich.«

Wie lässt der negative Gedanke dich fühlen?
Isoliert und alleine.

Wie lässt der negative Gedanke dich handeln?
Zurückhaltend und defensiv.
Ich gehe nicht auf Menschen zu.

Die Prüfung
Kannst du mit absoluter Sicherheit sagen, dass der negative Gedanke über dich selbst wahr ist? Kannst du mit absoluter Sicherheit sagen, dass »Keiner mag mich.« wahr ist?
Er begleitet mich bereits so lange, für mich fühlt er sich wahr an.

Aber gab es nicht auch Begegnungen in deinem Leben, bei denen du dich zugehörig gefühlt hast? Und gibt es nicht auch Menschen in deinem Leben, die dir gesagt oder gezeigt haben, dass sie dich mögen? Durch Worte, eine Geste oder ein Lächeln?
Ja, die gab und gibt es.

Der negative Glaubenssatz
ist also nicht absolut wahr?
Das stimmt. Er ist nicht absolut wahr.

Formuliere ihn jetzt so um,
dass er wahr wird.

Umformulieren des negativen Glaubenssatzes
Es gibt Menschen, die mich schätzen.
Ich weiß, wie es sich anfühlt, gemocht zu werden.
Manchmal fühle ich mich geliebt.

Wie lassen die neuen Gedanken dich fühlen?
Sicherer und mutiger.

Wie lassen die neuen Gedanken dich handeln?
Ich gehe auf Menschen zu. Ich frage meine Kollegin, ob wir gemeinsam Kaffee trinken gehen. Ich lade meine Nachbarn zum Essen ein. Ich lächele Menschen zu.

Negative Glaubenssätze widerlegen

Stell dir vor, wie du den heutigen Tag beendest und dich ins Bett legst. Du schließt deine Augen und verfällst in einen tiefen, ruhigen Schlaf. Während du schläfst, passiert etwas Magisches: Dein größter negativer Glaubenssatz verschwindet über Nacht – und zwar voll und ganz. Er löst sich komplett auf. Du bekommst nicht mit, dass dies geschieht, sondern schläfst ruhig und sanft bis zum nächsten Morgen durch und wachst auf, ohne zu wissen, was über Nacht passiert ist. Und doch ist es geschehen: **Dein negativer Glaubenssatz ist verschwunden.**

Was hätte sich an diesem Morgen, wenn du aufstehst und durch deinen Tag gehst, verändert?

Was würdest du anders machen?

Wie würdest du ohne deinen negativen Glaubenssatz handeln?

Welche neuen Entscheidungen würdest du treffen?

Wer wärst du ohne deinen negativen Glaubenssatz?

Nimm dir für die aufkommenden Bilder ein paar ruhige Momente, und dann frag dich: Was davon kannst du heute schon umsetzen? Welche Schritte kannst du deinem negativen Glaubenssatz zum Trotz gehen? Notiere sie dir gerne, damit sie in deinem Alltag nicht verloren gehen.

Am wichtigsten:
Geh einen dieser Schritte,
wenn du gleich
dieses Buch zuklappst.

Auch wenn kein Wunder passiert und dein negativer Glaubenssatz weder von allein noch über Nacht verschwindet, so wirst du ihn trotzdem loswerden. Das ist ganz sicher. Du wirst ihn Stück für Stück dekonstruieren, und zwar mit jedem Mal, mit dem du dich nicht von ihm leiten lässt und dir somit beweist, dass er nicht wahr ist.

Die Bilder in dir

Wir alle besitzen ein Fotoalbum. Vielleicht steht deines bei dir im Regal, vielleicht hast du es aber auch auf deinem Computer oder Smartphone gespeichert.

Ganz egal, welche Beschaffenheit dein Fotoalbum auch haben mag, mit Sicherheit bewahrst du in ihm nur Fotos von besonders schönen Momenten auf. Fotos aus glücklichen Tagen, von rauschenden Festen mit Freunden, von einmaligen Reisen, auf denen du die Welt erkundet hast, von Erfolgen, die du gefeiert und Liebe, die du auf deiner Hochzeit besiegelt hast.

Wir alle besitzen aber noch ein weiteres Fotoalbum. Eines, das wir nicht in die Hand nehmen können und trotzdem immer bei uns tragen, und zwar in unserem Kopf. Verblüffenderweise bewahren wir in diesem Album vorzugsweise Bilder von schmerzhaften Momenten auf. Bilder, auf denen wir unsere Kündigung oder die Absage auf eine Bewerbung erhalten haben. Bilder, auf denen wir angeschnauzt oder im Stich gelassen wurden. Bilder vom Ende unserer Beziehung oder eines Streits. Bilder, auf denen wir einen Fehler machten oder durch eine Prüfung gefallen sind.

In diesem Fotoalbum blättern wir unentwegt, und so werden die schmerzhaften Bilder zu dem, was wir in uns und der Welt sehen: zu unseren negativen Glaubenssätzen.

Was aber wäre, wenn du in dem Fotoalbum in deinem Kopf stärkende und positive Erinnerungen ablegen würdest? Genau, dann werden diese zu dem, was du in dir und der Welt siehst: zu deinen positiven Glaubenssätzen.

Das liest sich jetzt vielleicht zu einfach, aber so ist es. Unser Gehirn greift auf ihm bekannte Muster zurück. Im Klartext bedeutet dies: Auf das, was wir oft denken, hat unser Hirn den einfachsten Zugriff.

Mach es dir zur Aufgabe, jeden Tag an drei Momente zu denken, in denen du dich inspiriert, stark und geliebt gefühlt hast. Ruf dir diese Momente vor dein inneres Auge. Mal sie dir in allen Details aus. So klebst du Tag für Tag immer mehr stärkende Bilder in das Fotoalbum, und bald schon blättert dein Gehirn in diesen wunderschönen Erinnerungen und formt daraus deine Sicht auf dich und die Welt.

Lerne deine innere Kritikerin kennen

Der Ursprung unserer negativen Glaubenssätze liegt meist in unserer Vergangenheit. Bereits in der Kindheit haben sie begonnen, zarte, aber tiefe Wurzeln in unser Unterbewusstsein zu schlagen. Und zwar in den Momenten, in denen uns von anderen gesagt wurde, dass wir besser werden müssen, liebenswerter werden müssen, bescheidener werden müssen, leiser werden müssen, dass wir uns zusammenreißen müssen, mehr Rücksicht nehmen müssen, uns mehr anstrengen müssen, vorsichtiger sein müssen und so vieles mehr. Diese Stimmen sind zu deiner inneren Kritikerin herangewachsen, die dir auch heute noch sagt, dass du nicht in Ordnung bist, so wie du bist.

Nimm dir einen Moment und lausche deiner inneren Kritikerin. Kannst du bei genauem Hinhören wahrnehmen, dass sie nicht in deiner Stimmfarbe zu dir spricht, sondern mit der Stimme einer Person aus deiner Kindheit? Vielleicht hat sie die Stimme deiner Eltern oder deines Lehrers?

Vielleicht spricht sie auch mit der Stimme einer Person aus deinem Erwachsenenleben zu dir? Die einer damaligen Partnerin oder eines Mitbewohners?

Vielleicht hat sie auch eine ganz eigene Stimme? Wenn ja, wie hört diese Stimme sich an?

Und redet deine innere Kritikerin leise oder laut mit dir? Flüstert sie oder schreit sie dich an? Spricht sie schnell und aufgeregt oder langsam und bedächtig? Ermahnend oder sorgenvoll?

Identifiziere deine innere Kritikerin. Das hilft dir dabei, dich von ihr zu distanzieren und ihr entgegenzutreten. Wenn sie zum Beispiel mit der sorgenvollen Stimme deiner Mutter zu dir spricht, um dich vor Enttäuschungen zu schützen, dann entgegne ihr:

»Danke, dass du mich beschützen willst. Ich weiß, du meinst es gut, aber ich muss meine eigenen Erfahrungen machen. Sonst werde ich nicht glücklich. Bitte gib mir den Raum dafür und zieh dich zurück.«

Erinnere deine innere Kritikerin an ihren Preis

Ganz egal, wie sehr deine innere Kritikerin dir auch im Weg steht, im Grunde will sie dich schützen. Dies ist ihre wahre Absicht. Sie will vermeiden, dass du enttäuscht und belächelt oder ausgeschlossen wirst. Sie möchte, dass du es – wie sagt man so schön – schaffst in dieser Welt. Leider ist gut gemeint noch lange nicht gut gemacht. Anstatt dir Gutes zu tun, schadet sie dir nur und macht dir dein Leben schwer. Mach ihr deshalb klar, dass sie dich mehr kostet, als sie dir nutzt und der Preis, den du für sie zahlst, einfach zu hoch ist.

Dieser Preis könnte sein:

Du gehst nicht auf Menschen zu, weil deine Kritikerin dir sagt, dass sie dich nicht mögen würden.

Du traust dich nicht, deine Ideen mit Kolleginnen und Vorgesetzten zu teilen, weil deine Kritikerin dir sagt, deine Ideen wären unbedeutend.

Du traust dich nicht, Neues auszuprobieren, weil deine Kritikerin meint, du würdest dich blamieren.

Du kannst nicht abschalten, weil deine Kritikerin dich wissen lässt, dass du noch viel besser werden müsstest.

Du fühlst dich schnell von Freunden zurückgesetzt und streitest mit ihnen, weil deine Kritikerin sagt, sie würden dich nicht wertschätzen.

Wenn du dir bewusst geworden bist, wie viel Schaden deine innere Kritikerin anrichtet, schreibe ihr eine Kündigung. Notiere als Kündigungsgrund all das, was sie dich kostet, in deinen Beziehungen, deiner Karriere und deiner Gesundheit.

Liebe innere Kritikerin,

ich habe erkannt, dass ich deine Dienste nicht mehr länger beanspruchen will. Du bist verantwortlich dafür, dass ich Menschen aus dem Weg gehe oder mich mit ihnen streite. Wegen dir schöpfe ich meine beruflichen Chancen nicht aus und bleibe unter meinen Möglichkeiten. Du bist dafür verantwortlich, dass ich unter konstanter Anspannung und innerlichem Druck lebe und deshalb ausgelaugt und erschöpft bin. Ich kann mir dich nicht länger leisten.

Das Beste wird sein, wenn sich unsere Wege trennen. Du kannst dich mit einem guten Gewissen in den Ruhestand verabschieden.

Ich wünsche dir noch ein schönes Leben.

Mit besten Grüßen
xxx

Erinnere deine innere Kritikerin an deinen Wert

Deine innere Kritikerin geht davon aus, dass du nur von Wert bist, wenn du etwas leistest. Stell dir ein Glas vor. Dein Wertvoll-Glas. In den Augen der inneren Kritikerin ist dieses Glas leer und kann nur durch Leistung und Anerkennung von außen gefüllt werden. Erinnere deine innere Kritikerin daran, dass dein Wertvoll-Glas kein Vakuum hat und ganz und gar nicht leer, sondern allein durch deine Existenz bereits bis zum Rand gefüllt ist.

Affirmationen sind äußerst effektiv, um deine Kritikerin zu erinnern, dass du bereits jetzt mehr als genug bist.

Es ist nicht ausschlaggebend, ob du sie laut in den Raum rufst oder die Affirmationen nur leise in deinen Gedanken flüsterst. Die Hauptsache ist, dass du verbunden bleibst mit ihrer Bedeutung. Nimm dir für das Rezitieren der Affirmationen all die Zeit, die du brauchst.

Ich bin es wert, geliebt zu werden, dafür muss ich nichts tun.

Ich probiere mein Bestes, und das ist völlig ausreichend.

Ich muss mich nicht beweisen. Mein Sein ist mehr als genug.

Blockmantren

Für die Momente, in denen deine innere Kritikerin besonders laut und penetrant in Erscheinung tritt und du dich in negativen Gedankenmustern verhedderst, können dir Blockmantren helfen, sie in die Schranken zu weisen. Mithilfe dieser Mantren setzt du deiner inneren Kritikerin ein mentales Stoppzeichen. Du machst deinen kritischen Gedanken und Selbstzweifeln klar:

»Halt! So nicht. Bis hierhin und nicht weiter.«

Ziel der Blockmantren ist es nicht, deine innere Kritikerin zu leugnen. Ihre Aufgabe ist es vielmehr, inneren Raum zu schaffen für neue, klare Gedanken, mithilfe derer du dich dann zu einem späteren Zeitpunkt auf eine effektive Weise mit deiner inneren Kritikerin auseinandersetzen kannst.

Hier sind zwei sehr wirksame Arten von Blockmantren, die wohl unterschiedlicher nicht sein könnten:

1. So Ham

Übersetzt bedeutet »So Ham« »Ich bin Das«,
was wiederum steht für
»Ich bin weder Körper noch Denken.
Ich bin das Bewusstsein.«

»So Ham« ist ein sogenanntes natürliches Mantra,
denn es ist das Geräusch deines eigenen Atems.
Für dieses Mantra musst du also nichts tun, außer
dem Klang deines Atems zu lauschen.

Mit der Einatmung lausche dem natürlichen »So«
und mit der Ausatmung dem »Ham«.

Einatmen »So« und Ausatmen »Ham«.

Lass den Atem dabei so fließen,
wie er von selbst fließen will.
Beeinflusse nichts, hör deinem
Atem einfach nur zu.

Beim Einatmen sagt er »So«,
beim Ausatmen sagt er »Ham«.

»So Ham«

Und du bemerkst, wie dein Geist
immer ruhiger wird und sich Frieden in
dir ausbreitet. Du spürst:

***»Ich bin reines Bewusstsein.
Ich bin, die ich bin. Ich bin Das.
So Ham«.***

2. Der innere Schrei

Ein Blockmantra kann im Gegensatz aber auch ganz dynamisch, aktiv und energetisch sein – eine Art innerer Schrei:

Halt die Schnauze!
Lass mich in Ruhe!
Geh jetzt!
Hau ab!
Du hast keine Ahnung!

Du kannst selbstverständlich auch dein eigenes Blockmantra formulieren. Wichtig ist, dass du dein Blockmantra wirklich fühlst. Es muss nicht rational und schon gar nicht eloquent sein. Es ist dein innerer Ausruf, dein kraftvolles Aufbäumen, mit dem du die innere Kritikerin übertönst und verjagst.

Der wichtigste Tag
in deinem Leben
ist der, an dem
du dich entscheidest,
dass du gut genug
für dich bist.

Der klare Himmel

Oft erscheint es uns, als würden wir hin und her geworfen werden, zwischen all unseren Gedanken, den darunter liegenden Gefühlen und aus ihnen resultierenden Impulsen. Das ist nicht nur wahnsinnig anstrengend, sondern lässt uns vor allem eins fühlen: Hilflosigkeit. Wir sind dann das Blatt im Wind, das bereits bei der kleinsten Regenwolke und dem zartesten Windhauch hin und her gewirbelt wird.

Was aber, wenn wir erkennen, dass wir nicht auf jeden Gedanken einsteigen und auch nicht auf jedes Gefühl reagieren müssen? Es passiert etwas Fantastisches: Wir werden uns unserer wahren Größe, unserer wahren Natur bewusst. Wir erkennen, dass wir nicht das Blatt sind, sondern der Himmel, der jede Wolke und jede Windböe beherbergen kann. Dann kann nichts unsere Klarheit trüben oder uns so schnell aus der Bahn werfen. In dieser Meditation wirst du dir deiner wahren Größe und deiner kristallklaren Natur bewusst werden.

Betrachte zuallererst deine Gedanken. Atme ein paar Mal tief ein und aus und nimm wahr, wie sich dein Geist durch den natürlichen Fluss deines Atems beruhigen kann.

Jetzt schau dir einfach die Gedanken an, die in diesem Moment in dir aufziehen. Ganz egal, welche Gedanken auch kommen mögen, nimm sie einfach wahr. Lass sie da sein, kommen und gehen, ohne sie zu bewerten. Lass sie weiterziehen, wenn sie möchten. Lass neue kommen und auch diese weiterziehen.

Dein Geist ist wie der große, weite, klare Himmel, und deine Gedanken sind die Wolken, die in unzähligen Formen erscheinen. Der Himmel ist immer derselbe – die Wolken ziehen auf und ziehen weiter.

Dein Geist ist immer derselbe – deine Gedanken ziehen auf und ziehen weiter. Und so wie der Wind die Wolken am Himmel weiterziehen lässt, so lässt dein Atem deine Gedanken weiterziehen. Bleib für einige Atemzüge bei diesem Bild, bei deinem Himmel, deinen Wolken und deinem Wind.

Dein Himmel kann alles beherbergen, nichts verändert seine Klarheit. Kommt ein schöner Gedanke, gib ihm viel Raum und nimm das darunterliegende Gefühl wahr. Kommt ein unangenehmer oder herausfordernder Gedanke, gib auch ihm Raum und nimm das darunterliegende Gefühl wahr. Alles im Hier und Jetzt ist in Ordnung. Alles hat seinen Platz. Alles darf genau so sein, wie es jetzt gerade ist. Nimm wahr, dass deine Gedanken, ganz egal, welche Form sie annehmen, wie die Wolken ganz von allein weiterziehen. Nichts verändert die Klarheit deines Himmels. Nichts verändert deine Klarheit.

In vier Schritten zu dir

Schritt 1

Identifiziere die Momente oder Situationen, in denen du heute das Gefühl hattest, am weitesten von dir entfernt gewesen zu sein. Wodurch waren diese Momente gekennzeichnet?

Was hast du gedacht?
Wie hast du dich gefühlt?
Wie waren deine Interaktionen mit anderen?
Wie hast du gesprochen?
Wie hast du gehandelt?

Schritt 2

Wo in deinem Körper kannst du die Gefühle aus genau diesen Momenten jetzt wahrnehmen? Wenn du sie lokalisiert hast, atme sie mit einem kräftigen Atemstoß aus.

Schritt 3

Jetzt identifiziere die Situationen, in denen du heute das Gefühl hattest, ganz nah bei dir zu sein. Wodurch waren diese Momente gekennzeichnet?

Was hast du gedacht?
Wie hast du dich gefühlt?
Wie waren deine Interaktionen mit anderen?
Wie hast du gesprochen?
Wie hast du gehandelt?

Schritt 4

Wo in deinem Körper kannst du die Gefühle aus genau diesen Momenten jetzt wahrnehmen? Wenn du sie lokalisiert hast, dann verweile bei ihnen und genieße diese Begegnung mit dir selbst.

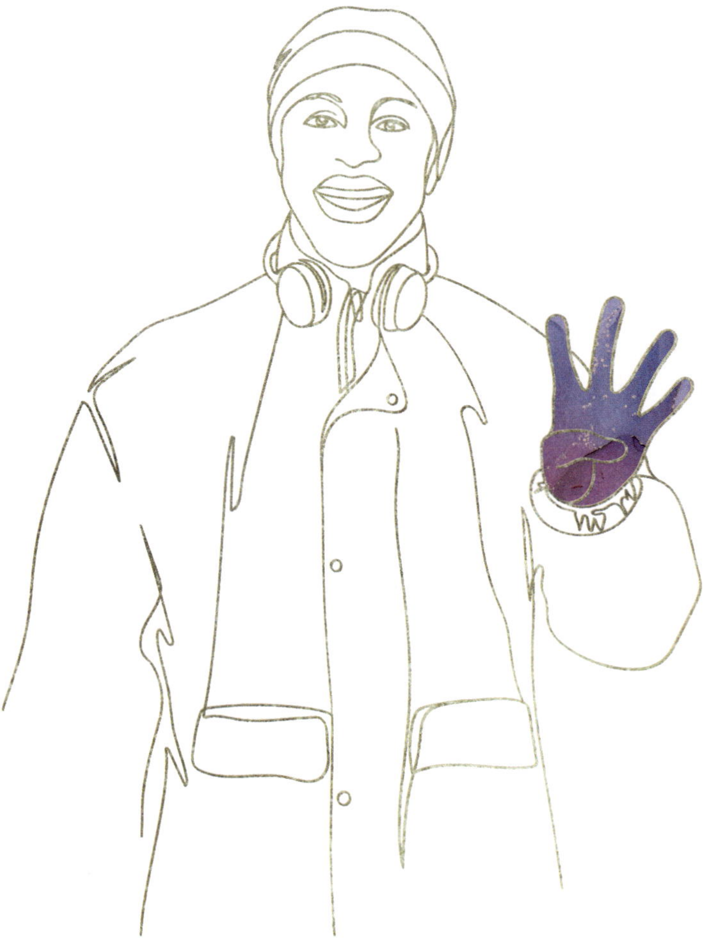

LERNE DICH SCHÄTZEN

Stärken sehen, Schwächen akzeptieren

Ein gesundes Selbstwertgefühl basiert auf einem einfachen Prinzip **»Stärken sehen und Schwächen akzeptieren«.**

In der Regel tun wir genau das Gegenteil. Statt unsere Schwächen zu akzeptieren, rennen wir einem völlig überzogenen Ideal hinterher, das keiner von uns jemals erreichen kann. Unsere Stärken – also all das, was wir bereits sind und können – sehen wir als banal und selbstverständlich an.

Wäre es nicht viel sinnvoller, unsere Stärken zu nutzen, anstatt gegen unsere Schwächen anzukämpfen? Diese Übung unterstützt dich dabei.

Nimm dir ein DIN-A4-Blatt und notiere darauf deine Stärken. Setz den Stift erst ab, wenn die komplette Seite vollgeschrieben ist. Vielleicht ist dein erster Impuls, über nicht ausreichende Stärken für eine komplette Seite zu verfügen, aber glaub mir, du verfügst über mehr als genug Stärken, du musst sie dir einfach nur bewusst machen.

Lass dich von Gedanken wie »Das ist doch überhaupt keine Stärke.«, »Das kann doch jeder.«, »So gut bin ich darin gar nicht.« auf keinen Fall abbringen. Stärken können Fähigkeiten sein, die dir leicht von der Hand gehen, oder Qualifikationen, die du dir angeeignet hast. Aber auch Charaktereigenschaften, die andere an dir schätzen, Eigenschaften, die du selbst an dir schätzt, Talente und Begabungen, die dir Freude bereiten, und natürlich auch zwischenmenschliche Fähigkeiten. Ich habe dir ein paar Stärken als Inspiration zusammengefasst. Mit Sicherheit trägst du einige von ihnen und auch zusätzliche in dir.

Ich bin kreativ.

Ich habe Weitsicht.

Ich habe Ausdauer.

Ich bin aufrichtig.

Ich bin authentisch.

Ich bin empathisch.

Ich habe gelernt, Nein zu sagen.

Ich kann um Hilfe bitten.

Ich kann andere zum Lachen bringen.

Ich arbeite strukturiert.

Ich bin neugierig.

Ich bin konfliktfähig.

Ich kann singen.

Ich kann malen.

Ich kann gute Geschichten erzählen.

Ich bin großzügig.

Ich bin intelligent.

Ich bin mutig genug, zu sagen, wenn ich Angst habe.

Ich habe einen Gerechtigkeitssinn.

Ich bin neugierig.

Ich bin freundlich.

Ich kann Entschuldigung sagen.

Ich bin zuverlässig.

Ich kann gute Fotos machen.

Ich kann über mich selber lachen.

Ich kann zwei Sprachen sprechen.

Ich bin eine gute Freundin.

Ich bin ein offener Mensch.

Das Gemälde

Ich lade dich ein, dir dein Wesen, deine ganze Persönlichkeit als ein abstraktes Gemälde vorzustellen. Stell dir vor, du würdest dieses Gemälde in einem Museum voller Neugierde und Interesse betrachten.

Die hellen Farben

Als Erstes fällt dein Blick vielleicht auf die hell leuchtenden Farben. Sie stehen für einen Bereich deiner Persönlichkeit, der strahlt, liebevoll und freundlich ist. Sie drücken deine Herzlichkeit, deine Heiterkeit, deine Hilfsbereitschaft und deine Empathie sowie all die Aspekte deiner Persönlichkeit aus, die du an dir selbst magst. Schau dir diese Bereiche in Ruhe an. Vielleicht siehst du ein wärmendes Safrangelb und ein leuchtendes Smaragdgrün? Ist da ein fröhliches Orange oder ein liebliches Rosa?

Die neutralen Farben

Wenn du so weit bist und dich sattgesehen hast, lass deinen Blick weiter schweifen. Er fällt jetzt auf Teile des Bildes, die weder hell noch dunkel sind. Sie sind irgendetwas dazwischen, und trotzdem oder vielleicht gerade deswegen wecken sie dein Interesse. Vielleicht siehst du ein zurückhaltendes, fast durchsichtiges Nebelgrau? Dieser Teil des Bildes steht für die Aspekte deiner Persönlichkeit, über die du dir nicht viele Gedanken machst. Vielleicht sind sie dir nicht so wichtig oder du empfindest sie als neutral?

Die dunklen Farben

Sie bilden den Übergang zu einem anderen Teil des Gemäldes, auf den jetzt dein Blick fällt. Ein Bereich, in dem die Farben dunkler und kühler sind. Dieser Bereich kann das symbolisieren, was du nicht so gerne an dir magst, die Aspekte, die du versteckst – vor anderen und auch vor dir selbst. Vielleicht ist es dein Zynismus, deine Eifersucht oder dein Neid? Du kennst dich selbst am besten. Möglicherweise findest du dort auch unangenehme Gefühle wie Scham oder Schuld? Dein Interesse, auch diesen Teil deines Selbst besser kennen und verstehen zu lernen, ist geweckt. Vielleicht siehst du in diesem Teil des Gemäldes ein kühles, tiefes Blau? Oder ein dunkles Violett, das seine Schatten wirft? Und vielleicht kannst du bei genauerem Hinschauen auch eine gewisse Schönheit in diesem Teil des Gemäldes erkennen, wie zum Beispiel seelische Tiefe oder sanfte Melancholie.

Das Kunstwerk

Und jetzt tritt einen Schritt zurück und betrachte dein Gemälde. Kannst du die Schönheit in seiner Komplexität erkennen? Dass alle deine Farben da sein dürfen und das Gemälde nur in ihrem Zusammenspiel entsteht?

Du bist keine weiße Leinwand auf einer Staffelei. Zum Glück. Du bist ein Kunstwerk. Hab keine Angst, deine Farben zu zeigen.

Wer bist du
außerhalb
der Kategorien,
in die du dich
gezwängt hast?

Die Affirmationen der Wertschätzung

Schließ deine Augen, atme sanft ein und aus. Leg eine Hand auf dein Herz und verbinde dich mit ihm. Wenn du die Verbindung zu deinem Herzen fühlen kannst, sprich mit viel Liebe, Vertrauen und Überzeugung die folgenden Worte der Affirmation. Du kannst sie laut oder leise sprechen. Du kannst sie auch einfach nur in deinen Gedanken formulieren. Wiederhole jede der Affirmationen so oft, bis du ihre Bedeutung wirklich fühlen kannst.

Ich bin stolz auf die Person,
die ich bin.

Ich bin am schönsten,
wenn ich einfach ich selbst bin.

Ich liebe und akzeptiere mich,
so wie ich bin.

Ich bin, war und
werde es immer sein:
mehr als genug.

Bringe dein Gold zum Glänzen

Hast du schon mal von Kintsugi gehört? Kintsugi ist eine 500 Jahre alte japanische Tradition, mittels derer zersprungene Keramik kunstvoll repariert wird. Das Prinzip von Kintsugi besagt, dass Keramik, die zerbricht, nicht wertlos ist und ersetzt werden muss. Im Gegenteil: Zu Bruch gegangene Teeschalen werden mit flüssigem Gold wieder zusammengekittet und erlangen hierdurch neue Schönheit und Wertschätzung. Der Makel wird also nicht versteckt, sondern die Bruchstellen durch die goldenen Nähte sichtbar gemacht und gewürdigt. Nicht das Makellose ist wertvoll, sondern das Unvollkommene.

Ich lade dich ein, dir deine Persönlichkeit und dein Leben unter dem Gesichtspunkt von Kitsungi zu betrachten.

Ist da vielleicht:

Eine Schwäche?
Und du bist stolz auf dich,
dass du sie akzeptieren kannst.

Eine Eigenschaft wie dein Neid?
Der dir zeigt, dass es noch ungestillte
Sehnsüchte und Ambitionen gibt, die darauf
warten, zum Leben erweckt zu werden.

Ein Bruch in deinem Leben?
Der dazu geführt hat, dass du über
dich hinausgewachsen bist.

Ein Wunsch, der nicht in Erfüllung
gegangen ist und damit Platz gemacht hat
für etwas noch viel Schöneres?

Das Mondritual

Der Mond steht für zwei wesentliche Bestandteile des menschlichen Seins, für Licht und Schatten und auch dafür, dass beide dieser Seiten ihre Qualitäten haben. Das Mondritual ist eine Methode, mit der du dir deine Licht- und Schattenseiten bewusst machst, dich in deiner Vollkommenheit annehmen und neue hoffnungsvolle Perspektiven entwickeln wirst.

Schritt 1
Nimm dir abends einen ruhigen Moment. Entweder zu Hause, während du aus dem Fenster schaust, draußen in der Natur bist oder beim Spaziergang um den Häuserblock.

Schritt 2
Betrachte jetzt den Mond. Seine Form als Vollmond, Halbmond oder Sichel, seine Krater, seine hellen und dunklen Bereiche, seine Licht- und Schattenseiten.

Schritt 3
Jetzt richte deinen Blick nach innen und frag dich: Was sind deine Schattenseiten und dunklen Bereiche? Fang ganz klein an. Was von dir wolltest du heute nicht anschauen? Ist da etwas, das du versuchst zu verstecken, vor dir und anderen? Eine alte Verletzung, eine Unsicherheit, eine Verhaltensweise, die du an dir selbst nicht magst, oder etwas, das du getan hast?

Schritt 4
Jetzt, da du genau dort hinschaust, was tut sich in dir? Kannst du Frieden schließen mit deinen Schatten? Was lernst du über dich? Was kannst du verändern? Was möchtest du vielleicht beim nächsten Mal anders machen?

Schritt 5
Jetzt betrachte deine Lichtseiten. Was hast du heute oder gestern zum Strahlen gebracht? Vielleicht hast du jemand anderem eine Freude gemacht oder sogar dir selbst? Warst du mutig? Warst du sanft und mitfühlend mit dir und anderen? Hast du jemandem zur Seite gestanden? Wie hast du das gemacht? Und wie kannst du das öfter tun?

SELBST-*LIEBE* LEBEN

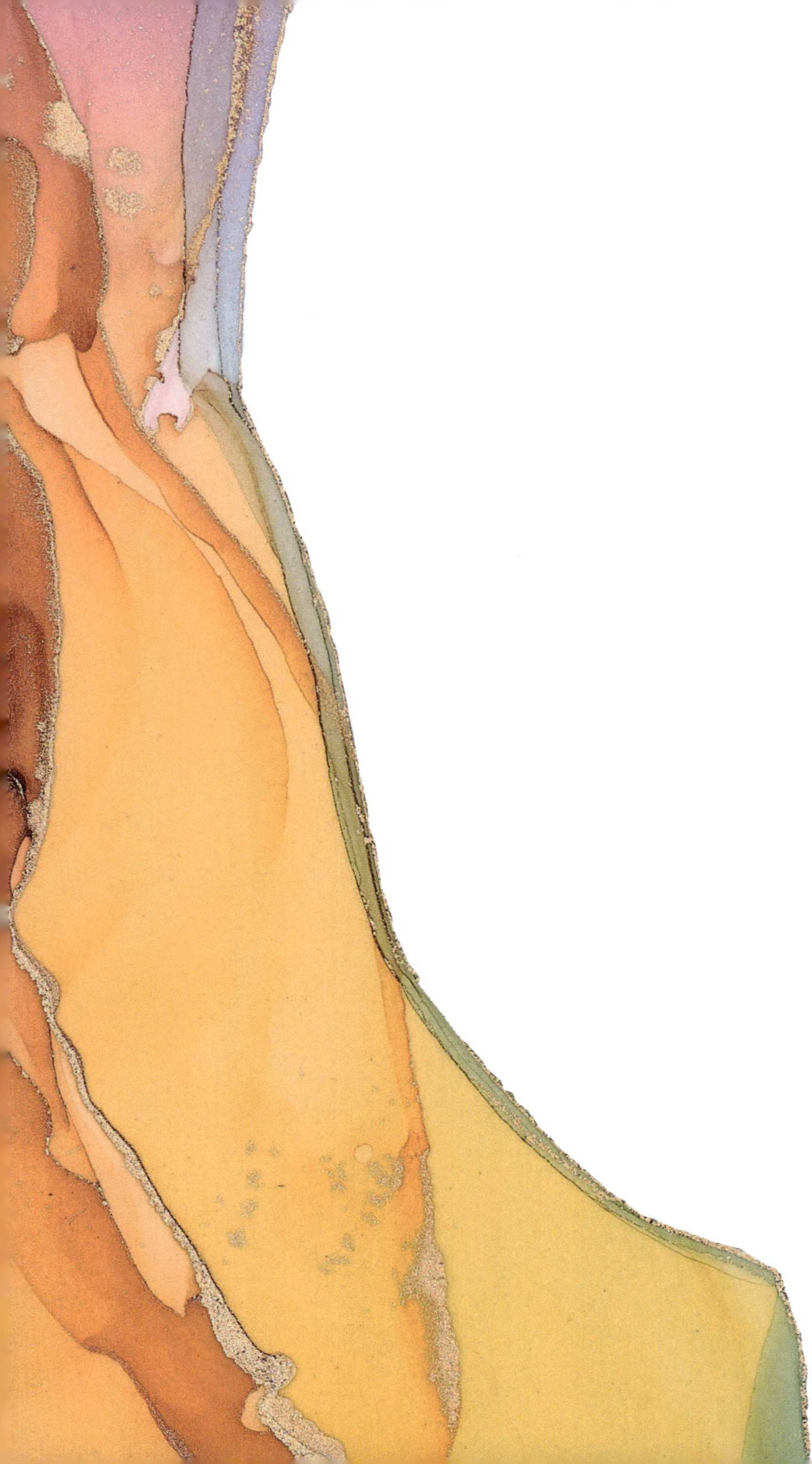

DER FREUND-LICHE UMGANG MIT DIR

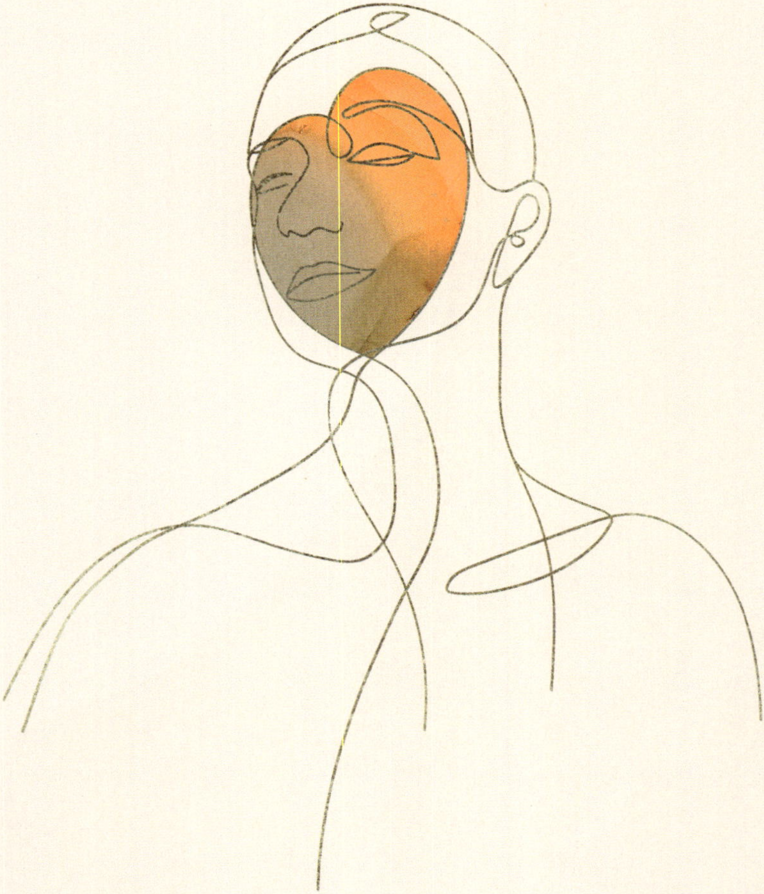

Die drei Affirmationen der Selbstliebe

Leg jetzt gerne eine Hand auf dein Herz. Fühl, wie dein Herz mit jeder Einatmung ein Stück aufgeht. Jetzt, da du in Verbindung mit ihm stehst, sprich die Affirmationen der Selbstliebe für dich. Wiederhole jede Affirmation so lange, bis du sie wirklich fühlen kannst.

Ich treffe die Entscheidung, mich ab heute zu lieben.

Ich bin bereit, mein Herz und meinen Geist zu öffnen für die bedingungslose Liebe zu mir selbst.

Für die Liebe zu meinem Leben, zu meinem Körper, meinen Gefühlen und all dem, was ich bisher in mein Leben geholt und erschaffen habe.

Mit Achtsamkeit in Selbstliebe erblühen

Selbstliebe ist nicht nur ein Gefühl, sie ist eine Entscheidung – die bewusste Entscheidung für dich selbst. Sehr oft treffen wir jedoch unbewusst die entgegengesetzte Entscheidung. Wir nehmen etwas an uns wahr, um es augenblicklich abzulehnen. Das kann ein optisches Merkmal beim Blick in den Spiegel sein, eine unserer Eigenschaften, die wir als schlecht bewerten, etwas, das wir getan haben, mit dem wir unzufrieden sind, ein Gedanke, den wir so nicht haben wollen, oder ein Gefühl, das wir wegdrücken.

Nimm dir einen Moment Zeit und reflektiere, wie oft du dich heute schon selbst abgelehnt hast. Sei dabei ganz ehrlich zu dir.

Erstaunlich, wie ablehnend wir oft mit uns selbst umgehen und es gar nicht mitbekommen, oder? Es passiert ganz automatisch, denn unser Geist wiederholt Gelerntes und Erprobtes. Je länger wir also bereits ablehnende Gedanken uns selbst gegenüber hegen, desto einfacher hat der Geist Zugriff auf sie. Was in die eine Richtung funktioniert, funktioniert zum Glück auch in die andere. Je öfter du liebevolle Gedanken dir selbst gegenüber kultivierst, desto einfacher erhält dein Geist Zugriff auf diese. Wie alle Dinge im Leben, die wir beginnen zu tun, müssen wir eben auch den liebevollen Umgang mit uns selbst immer wieder üben. Mit der Zeit wird er dann so natürlich, dass er ganz von allein passiert. Auf dem Weg dorthin hilft uns vor allem das Praktizieren von Achtsamkeit, also das Gewahrwerden unserer ablehnenden Gedanken, um uns dann bewusst für liebevolle Gedanken zu entscheiden.

So funktioniert's:

Sei achtsam

Entwickle eine Aufmerksamkeit für die Momente, in denen du dich ablehnst, dir sagst, etwas an dir sei nicht liebenswert. Ob nun beim Blick in den Spiegel, beim Blick auf deine Vergangenheit, beim Blick auf dein Verhalten oder auf deine Gedanken.

Halte für einen Moment die Welt an, weil du es dir wert bist

In den Momenten, in denen du merkst, dass du dich ablehnst, tue eines: Drück die Stopptaste. Geh nicht einfach zur Tagesordnung über, sondern nimm dir ein paar bewusste Minuten, um zu reflektieren, was da gerade passiert.

Triff die Entscheidung, dich zu lieben

Jetzt triff die bewusste Entscheidung, dich zu lieben. Genau dann, wenn du dich selbst nicht magst. Wenn du dich nicht so haben willst, wie du bist. Steh zu dir. Sag dir: Ich liebe mich. Gerade jetzt in diesem Moment, in dem ich mich nicht mag. Gerade jetzt in diesem Moment, in dem ich mich über mich selbst ärgere, weil es mir schwerfällt, mich zu lieben. Ich entscheide mich dazu, auch das an mir zu lieben.

Tag für Tag zu mehr Selbstliebe

Wenn ich dich jetzt frage:
»Auf einer Skala von 0 bis 100 –
wie sehr liebst du dich?«
Was ist deine Antwort?

Wenn deine Antwort nicht 100 Prozent ist, frage dich:
Was brauche ich, um mich 1 Prozent mehr zu lieben?
Dann schenk dir dieses 1 Prozent.

Wiederhole die Übung morgen,
übermorgen und jeden Tag aufs Neue.
Sieh und genieße, wie dein
Leben sich verändert.

Liebe deinen Körper

Richte deine Aufmerksamkeit auf einen Aspekt an dir, den du magst. Deine Augen, deine Haare, deine Zähne, deine Lippen, deine Finger, deine Zehen, deinen Bauchnabel ... Verbinde dich mit dem Gefühl der Zufriedenheit und Liebe, das du für diesen Teil deines Selbst empfindest. Jetzt breite dieses positive Gefühl aus auf deine anderen Körperteile. Schicke deine Liebe und Wertschätzung zu jedem deiner Körperteile. Geh deinen ganzen Körper durch. Lass dir vor allem ausreichend Zeit, bei den Körperteilen, bei denen es dir noch schwerfällt, sie liebevoll anzunehmen.

Wertschätze deine Füße, die dich jeden Tag durch dein Leben tragen. Deine Beine, die dir helfen, dich im Rhythmus der Musik zu bewegen. Deinen Bauch, der dir klare Signale gibt und dich schützt und leitet. Deine Arme, mit denen du deine Liebsten umarmen kannst. Deine Finger, die dich dein Lieblingsinstrument spielen lassen. Dein Herz, das hundertmal in der Minute für dich schlägt, ohne dass du dich darum kümmern musst. Deine Haut, die es dir ermöglicht, die wärmende Sonne zu spüren. Wertschätze deinen Mund, der dir hilft, deine Ideen und Gedanken mit der Welt zu teilen. Deine Zunge, die dich den Geschmack von süßem Mangoeis genießen lässt. Deine Nase, durch die du den Duft frischer Lilien einatmen kannst, und deine Augen, die deine Fenster zur Welt sind.

Schicke eine Welle der Wertschätzung durch deinen ganzen Körper, denn er arbeitet unentwegt für dich, damit du dieses Leben erfahren kannst.

Der magische Spiegel

Sicherlich wirfst du ein paar Mal am Tag einen Blick in den Spiegel. Ist dir dabei schon mal aufgefallen, dass dein Spiegel nicht irgendein Spiegel ist, sondern dass er eine magische Fähigkeit besitzt? Nein? Dann schau beim nächsten Mal genauer hin, er wird dir seine magischen Fähigkeiten offenbaren.

Wenn du genau darauf achtest, zeigt dein Spiegel dir, wer dein bester Freund ist.

Er zeigt dir die Person, die immer für dich da ist und dich nie im Stich lässt.

Er zeigt dir deine beste Ratgeberin, weil sie stets dein höchstes Wohl im Sinn hat.

Er zeigt dir die Vertraute, die dir immer ehrlich ihre Meinung sagt.

Er zeigt dir den wichtigsten Menschen in deinem Leben.

Alles, was du dafür tun musst, ist, genau hinzuschauen. Deshalb nimm dir jeden Tag drei Minuten Zeit, dich auf diese Weise im Spiegel zu betrachten, und du wirst erkennen, wer du wirklich bist und was dich ausmacht. Zu Beginn wird diese Praxis vielleicht noch ungewohnt sein und du Dinge an dir wahrnehmen, die du nicht magst. Mit der Zeit wird dein Blick auf dich aber immer klarer werden und der Spiegel seine Magie enthüllen:

Die Erkenntnis, dass du dich selbst lieben kannst, mit allem, was zu dir gehört.

Aham Prema

Das Mantra »Aham Prema« bedeutet
»Ich bin Liebe«.

Dieses Mantra verbindet dich mit deinem wahren Selbst und kultiviert die Selbstliebe.

Rezitiere das Mantra jeden Tag für ein paar Minuten auf Deutsch oder auf Sanskrit. Du wirst dich hierdurch auf einer tieferen Ebene mit deiner Seele verbinden und in Selbstliebe aufblühen.

Spende dir Trost

Wir sind Meisterinnen darin, uns selbst unter Druck zu setzen, ob nun mit überzogenen Erwartungen an uns oder mit allen möglichen Bedingungen, an die wir unsere Selbstliebe knüpfen.

Ich glaube, ich übertreibe nicht, wenn ich sage: So hart, wie wir mit uns selbst ins Gericht gehen, tut das kein anderer. Gerade in diesen Momenten brauchen wir jemanden, der uns tröstet und liebevoll hält. Ein Mensch, der sich behutsam unser annimmt.

Die gute Nachricht ist:
Es gibt diesen Menschen, du kannst dieser Mensch für dich selbst sein. Du kannst für dich da sein, auch in den Momenten, in denen du dich vielleicht selbst nicht magst, dich unter Druck setzt oder verurteilst.

Mach dir bewusst, warum dieser Moment für dich ein schwieriger ist. Verurteilst du dich gerade selbst? Überforderst du dich oder vernachlässigst dich? Nimm wahr, wie sich das anfühlt. Leg dafür eine Hand auf dein Herz. Du musst jetzt nichts verändern oder berichtigen. Erlaube dir einfach nur, mit dem zu sein, was jetzt gerade da ist.

Stell dir vor, wie du mit der Einatmung deine Arme weit ausbreitest, um alle auftauchenden Gefühle liebevoll zu halten.

Mit der Ausatmung sprich dir selbst Trost zu:

Ich weiß, ich bin genug, auch wenn ich nicht perfekt bin.

Ich weiß, ich bin wertvoll, auch wenn ich mich schwach fühle.

Ich lass mich nicht allein.

Ich bin da für mich.

Spende dir den Trost und die Fürsorge, nach denen du dich sehnst. Spüre die Wirkung dieser Übung in deinem Herzen und deinem Körper. Spüre, dass du gehalten wirst.

Liebe dich selbst
so sehr, dass du
nicht mehr von
einem besseren
Leben träumst,
sondern es lebst.

Die fünf Schritte des Loslassens

Manchmal machen wir uns das Leben selbst schwer, indem wir an Belastendem festhalten. Wir halten fest an den immer gleichen Gedanken, an schmerzende Lebensereignisse der Vergangenheit. Erinnerungen an unerfüllte Erwartungen, Gedanken an unser Fehlverhalten und Gefühle der Enttäuschung oder unerwiderte Liebe. Wir kreisen stetig um dasselbe belastende Ereignis und befeuern so den Schmerz der Vergangenheit, was uns wiederum ein großes Stück Lebensfreude kostet.

Mithilfe der folgenden fünf Schritte wirst du dich im Loslassen üben. Du wirst erkennen: Gelingt es dir loszulassen, was dich beschwert, wird dein Leben nicht nur leichter, sondern du hast die Hände frei für Neues. Ganz plötzlich ergeben sich ungeahnte Perspektiven.

Nimm dir ausreichend Zeit für diese Übung. Atme tief ein und aus. Dann leg los!

Schritt 1

Führ dir vor Augen, was dich bis jetzt davon abgehalten hat, loszulassen. Wovor hast du Angst? Was glaubst du zu verlieren? Was sind deine Befürchtungen? Und sind diese begründet?

Schritt 2

Jetzt mach dir bewusst, welche negativen Auswirkungen das Festhalten auf dein Leben hat. Wie mindert es deine Lebensqualität? Nimmt es dir die Lebensfreude? Hält es dich davon ab, neue Wege zu gehen? Hast du körperliche und seelische Reaktionen wie Kopfschmerzen, Schlaflosigkeit oder sogar depressive Verstimmungen? Wie lange schon überschattet das Festhalten dein Leben?

Schritt 3

Nun frag dich: Welche positiven Folgen hätte ein Loslassen? Was könntest du gewinnen? Welche neuen Möglichkeiten würden sich ergeben? Wie könnte dein Leben sich positiv verändern? Schreibe auf, wie dein Leben in einem Jahr aussehen könnte, wenn du ab heute loslassen würdest.

Schritt 4

Triff jetzt die bewusste Entscheidung, loszulassen. Entscheide dich aktiv dafür, dass der Schatten alter Verletzungen oder Enttäuschungen dein Leben nicht weiter verdunkeln wird.

Sprich folgende Worte für dich:
»Ich treffe die Entscheidung, wieder glücklich sein zu dürfen. Ich lass los, was mich mein Lebensglück kostet. Ich lass los.«

Schritt 5

Nach der Entscheidung kommt die Praxis. Es wird immer wieder Momente geben, in denen sich belastende Gedanken an vergangene Lebensereignisse einschleichen, denn manche Muster sitzen tief, und sie aufzulösen, bedarf Übung. Die meisten Dinge, die wir neu beginnen, müssen wir erst einmal üben. So auch das Loslassen. Mit der Zeit wird es leichter und leichter. Achtsamkeit hilft dir in diesem Lernprozess. Sei achtsam in den Momenten, in denen du dich in belastenden Gedankenstrudeln verhedderst, und sag STOPP! Hierfür kannst du die sogenannte Gedankenstopp-Methode anwenden. Heb deine Hand, und wenn du magst, beweg dich hierzu im Raum. Ruf »Stopp – bis hierhin und nicht weiter!«

Und dann wiederhole:
»Ich treffe die Entscheidung, wieder glücklich sein zu dürfen. Ich lass los, was mich mein Lebensglück kostet. Ich lass los.«

Poesie-Therapie

Schreiben ist eine Form der Therapie, die uns dabei unterstützen kann, kritische Lebensereignisse zu verarbeiten. Im Prozess des Schreibens kannst du dir belastender Gedanken bewusst werden und sie schließlich an das Blatt Papier abgeben, sodass sie dich nicht länger beeinträchtigen. 95 Prozent unseres Handelns werden vom Unterbewusstsein gesteuert. Das bedeutet, dass wir oft gar nicht mitbekommen, was uns steuert und warum wir tun, was wir tun. Durch das Aufschreiben deiner Gedanken holst du das Unbewusste ins Bewusste, was dir wiederum ermöglicht, dich aktiv mit ihm auseinanderzusetzen.

1. Schreiben zur Selbstvergebung

Schreibe einen Brief, in dem du all das, wofür du dir die Schuld gibst, aufschreibst. Und lass mich dir sagen: Wir alle haben Kapitel in unserem Leben, über die wir nicht laut sprechen. Und dann verzeihe dir selbst. Vergib dir. Du wirst sehen, wenn du dir selbst verzeihst, kann anstelle von Schuld eine innere Befreiung treten und Zuversicht anstelle der Angst einkehren. Und du kommst endlich im Hier und Jetzt an, dem einzigen Ort, an dem du etwas Positives bewirken kannst.

2. Schreiben gegen Tabus

Nimm eins deiner Geheimnisse, eines, das du nicht öffentlich teilen würdest. Eines, das du niemandem erzählst, aus Angst, verurteilt zu werden. Schreibe sieben Minuten über das Tabu und dann zerreiße oder verbrenne den Zettel. Danach schreibe drei Minuten lang auf, wie du dich jetzt fühlst. Genieße diesen inneren Befreiungsschlag.

Affirmationen für schwierige Zeiten

Wir können nicht voraussehen, was das Leben für uns bereithält, und so finden wir uns manchmal in Momenten wieder, in denen es uns herausfordert. In genau solchen Zeiten haben mir diese Affirmationen schon oft geholfen. Vielleicht können sie auch dich unterstützen.

Leg eine Hand auf dein Herz und atme in deine Herzgegend.

Dann sprich folgende Worte:

Jeder Atemzug
durchflutet mich mit Ruhe.
Ich kann Schwieriges aushalten.
Es geht vorbei.

Aber ich weiß auch:
Es ist okay, Angst zu haben.
Ich bin beschützt.
Ich bin sicher.

Wiederhole die Affirmationen so oft, bis du eine Veränderung in dir wahrnehmen kannst. Auch die kleinste Veränderung kann Großes bewirken und dir sicheren Boden unter den Füßen schenken.

Das perfekte Herz

Eines Tages stand ein junger Mann mitten in der Stadt und erklärte, dass er das schönste Herz im ganzen Tal habe. Eine große Menschenmenge versammelte sich, und sie alle bewunderten sein Herz, denn es war perfekt. Es gab keinen Fleck oder Fehler in ihm. Ja, sie alle gaben ihm recht, es war wirklich das schönste Herz, das sie je gesehen hatten. Der junge Mann war sehr stolz und prahlte noch lauter über sein schönes Herz.

Plötzlich tauchte ein alter Mann vor der Menge auf und sagte: »Nun, dein Herz ist nicht annähernd so schön wie meines.« Die Menschenmenge und der junge Mann schauten das Herz des alten Mannes an.

Es schlug kräftig, aber es war voller Narben, es hatte Stellen, wo Stücke entfernt und durch andere ersetzt worden waren. Aber sie passten nicht richtig, und es gab einige ausgefranste Ecken. An einigen Stellen waren tiefe Furchen, in denen sogar ganze Teile fehlten. Die Leute starrten ihn an und dachten: Wie kann er behaupten, sein Herz sei schöner?

Der junge Mann schaute auf des alten Mannes Herz, sah dessen Zustand und lachte: »Du musst scherzen«, sagte er, »dein Herz mit meinem zu vergleichen. Meines ist perfekt und deines ist ein Durcheinander aus Narben und Tränen.«

»Ja«, sagte der alte Mann, »deines sieht perfekt aus, aber ich würde niemals mit dir tauschen. Jede Narbe steht für einen Menschen, dem ich meine Liebe gegeben habe. Ich reiße ein Stück meines Herzens heraus und reiche es ihnen, und oft geben sie mir ein Stück ihres Herzens, das in die leere Stelle meines Herzens passt. Aber weil die Stücke nicht genau passen, habe ich einige raue Kanten, die ich sehr schätze, denn sie erinnern mich an die Liebe, die wir teilten. Manchmal habe ich auch ein Stück meines Herzens gegeben, ohne dass mir der andere ein Stück seines Herzens zurückgegeben hat.

Das sind die leeren Furchen. Liebe geben heißt manchmal auch, ein Risiko einzugehen. Auch, wenn diese Furchen schmerzhaft sind, bleiben sie offen, und auch sie erinnern mich an die Liebe, die ich für diese Menschen empfinde. Ich hoffe, dass sie eines Tages zurückkehren und den Platz ausfüllen werden. Erkennst du jetzt, was wahre Schönheit ist?«

Der junge Mann stand still da, und Tränen rannen über seine Wangen. Er ging auf den alten Mann zu, griff nach seinem perfekten jungen und schönen Herzen und riss ein Stück heraus. Er bot es dem alten Mann mit zitternden Händen an. Der alte Mann nahm das Angebot an und setzte es in sein Herz. Er nahm dann ein Stück seines alten vernarbten Herzens und füllte damit die Wunde in des jungen Mannes Herzen. Es passte nicht perfekt, da es einige ausgefranste Ränder hatte.

Der junge Mann sah sein Herz an. Es war nicht mehr perfekt, aber schöner als je zuvor.

– Verfasser unbekannt

SELBSTFÜRSORGE PFLEGEN

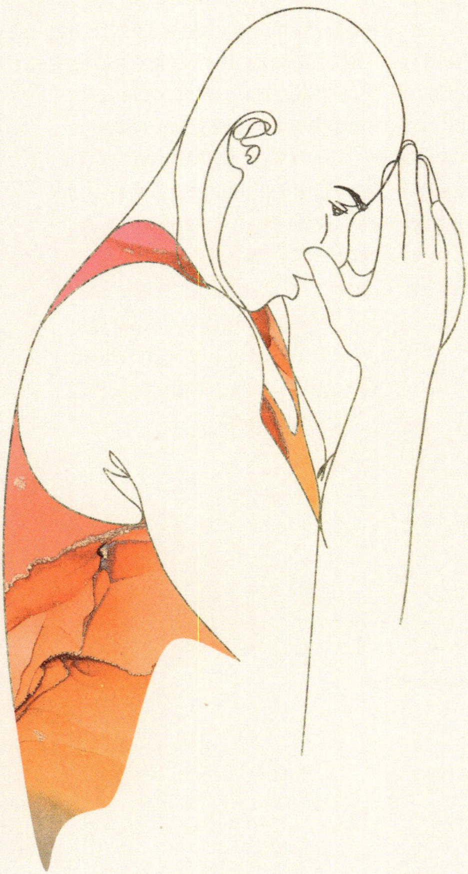

Deine kleine Auszeit

Nimm dir genau jetzt, mit allen Bildern und Emotionen, die du gerade in dir trägst, einen kurzen Moment Zeit. Nimm ein paar bewusste und tiefe Atemzüge.

Ein, aus. Ein, aus.

Wenn es die Situation erlaubt, schließ dabei deine Augen. Du musst jetzt nichts weiter tun. Der Tag bis zu diesem Moment ist vergangen. Vollständig vergangen. Du kannst die Erinnerungen, Bilder und Worte loslassen. Du musst darüber jetzt nicht mehr nachdenken.

Du atmest ein und aus. Ein, aus.

Der Tag nach diesem Moment, letztendlich der Rest deines Lebens, ist noch nicht gekommen, du musst jetzt nichts planen. Mach dir selbst das Geschenk, ganz bei dir zu sein und einfach nur zu atmen.

Einatmen und ausatmen. Ein, aus.

Wenn du so weit bist,
öffne deine Augen.

Rituale

In einem Alltag, in dem ein To-do das nächste jagt und wir zwischen unseren eigenen Erwartungen und denen anderer wie auf einem Drahtseil hin- und herbalancieren, helfen dir tägliche Rituale, dich immer wieder zu erden und zu dir zurückzufinden.

Die Stille Stunde

Plane dir eine Stunde pro Woche ein, in der du vollkommen ungestört bist. Nutze diese Stunde dafür, dich mit etwas zu beschäftigen, das dir mehr Energie gibt, als es dich kostet. Vielleicht ist es Sport, meditieren, Kurzgeschichten schreiben, ein Instrument spielen oder tanzen.

Die Stille Stunde verfolgt einzig und allein einen Zweck: dich zu entfalten. Das Ergebnis ist dabei nicht so wichtig.

Dusch-Meditation

Jedes Mal, wenn du duschen gehst, stell dir vor, wie das Wasser Stress und Anspannung wegspült. Fokussiere dich auf das Gefühl von Wasser auf deiner Haut. Visualisiere die reinigende Kraft des Wassers, das deine negativen Gedanken wegspült. Spüre, wie du Stress und Anspannung einfach abwaschen kannst. Lass all das, was du nicht brauchst, in den Abfluss fließen und starte leicht und frisch in den Tag.

Guten Morgen, Leben

Lass dir morgens beim Aufwachen Zeit und spring nicht sofort aus dem Bett, sondern wechsle sanft vom Zustand »Schlafen« in den Zustand »Wach sein«. Leg dich dafür auf den Rücken und spüre, wie die Rückseite deines Körpers auf der Matratze aufliegt. Beweg deine Finger sanft. Beweg deine Zehen sanft. Nimm ein paar tiefe Atemzüge und spüre, wie die kühle Luft mit der Einatmung in dich hineinströmt. Nimm wahr, dass du lebendig bist.

Ein dankbarer Gedanke am Abend

Schreibe dir die Erinnerung »Ein dankbarer Gedanke« auf ein gut sichtbares Blatt Papier und leg dieses neben dein Bett. Nimm dir ab jetzt vor, die letzten wachen Momente des Tages zu nutzen, um an etwas zu denken, für das du von ganzem Herzen dankbar bist. An eine Erfahrung, an einen Menschen oder an einen Gegenstand, an ein Erlebnis von heute oder etwas, auf das du dich morgen freust.

Spüre, was du brauchst

So wie die Pflanze einen gesunden Nährboden braucht, um stark und kräftig in die Höhe zu streben, und ausreichend Platz, damit sie ihre Blüten öffnen und ihre Früchte tragen kann, haben auch du und ich Bedürfnisse, die erfüllt sein müssen, damit wir uns als Menschen entfalten und ein glückliches sowie gesundes Leben führen können. Verabschiede dich also von dem Vorurteil, Selbstfürsorge sei ein Luxus oder gar ein Privileg. Im Gegenteil. Erachte sie als ebenso wichtig wie die Luft zum Atmen.

Das Bedürfnis nach Entspannung

Fühlst du dich überarbeitet, müde oder taub?

Stehst du unter konstanter Anspannung?

Kommt dein Leben dir vor wie ein Einheitsbrei?

Liegt dein letzter schöner Moment schon mehrere Wochen zurück?

Erdrückt dich deine Alltagslast?

Wann hast du dir das letzte Mal eine Pause gegönnt? Vielleicht ist genau jetzt der richtige Moment dafür. Gerade wenn du meinst, du hättest keine Zeit für eine Pause, gönn dir eine besonders ausgiebige Pause. Frag dich, was brauchst du jetzt am dringendsten? Was würde dir guttun?

Schlafen, spazieren gehen, ein Museumsbesuch oder ein heißes Bad? Achte darauf, dass du dir jeden Tag Freiräume schaffst, in denen du abschalten und genießen kannst. Sie sind deine Entspannungsinseln im Alltagsmeer.

Das Bedürfnis nach sozialen Bindungen

Fühlst du dich isoliert?

Hast du dich schon seit mehreren Wochen nicht mehr mit Freunden verabredet?

Fühlst du dich ausgeschlossen?

Hast du das Gefühl, niemand kennt dich wirklich?

Meinst du, alles allein schaffen zu müssen?

Hast du das Gefühl, dich niemandem anvertrauen zu können?

Unser Gehirn sendet uns klare Alarmsignale, wenn unser Bedürfnis nach sozialen Bindungen nicht gestillt wird. So, wie das Hungergefühl ein Alarmsignal unseres Gehirns dafür ist, dass unser Blutzuckerspiegel zu niedrig ist, ist das Gefühl von Einsamkeit ein ganz konkretes SOS-Zeichen für den Mangel an gesunden sozialen Bindungen. Dich mit anderen Menschen auszutauschen ist also weitaus mehr als ein Freizeitluxus. Vielleicht ist ja heute ein guter Tag, jemanden anzurufen, dem du dich nahe fühlst, auch wenn ihr schon lange nicht mehr miteinander gesprochen habt.

Das Bedürfnis nach Selbstverwirklichung

Hast du das Gefühl, nicht zu wissen,
wer du bist oder nicht der Mensch zu sein,
der du sein möchtest?

Erscheint dir dein Leben leer?

Erlebst du dein Leben als
nicht sinnvoll und erfüllt?

Besteht dein Tag hauptsächlich
aus ungeliebten Pflichten und der
Alltagsbewältigung?

Es gibt wohl keine Frage, die uns alle so viel beschäftigt wie »Wer bin ich?«. Wir alle streben nach Selbstverwirklichung in unserem Leben, aber im Dschungel des Alltags verlieren wir die Anbindung an uns selbst schnell. Deshalb frag dich am Abend: Wann hattest du heute das Gefühl, ganz nah bei dir zu sein? Wodurch war dieser Moment gekennzeichnet? Was hast du getan? Was hast du gesehen? Wie hast du gesprochen? Versuche all dem am morgigen Tag noch mehr Raum zu schenken.

Das Bedürfnis nach Selbstmitgefühl

Bist du hart zu dir selbst?

Meinst du, dir keine Fehler
erlauben zu können?

Stellst du überzogene
Ansprüche an dich selbst?

Erwartest du Unfehlbarkeit
von dir selbst und setzt dich
damit unter Druck?

Dann ist heute ein guter Moment, dir selbst Mitgefühl zu schenken. Leg eine Hand auf dein Herz. Mach dir bewusst, warum du dich verurteilst und wie sich das anfühlt. Dann sprich mit fester Stimme zu dir: »Ich bin wertvoll in meiner Unvollkommenheit. Ich darf Fehler machen.« Wiederhole diese Sätze so lange, bis du ihre Bedeutung spüren kannst und sich Ruhe und Wohlwollen in dir entfalten.

Muss ich das jetzt unbedingt machen?

Oft setzen wir uns mit dem Gedanken
»Ich muss das jetzt unbedingt machen!« unter Druck.

Ganz egal, wie erschöpft wir auch sind,
wie spät es ist oder wie wenig Lust wir haben,
wir meinen, es gäbe keinen anderen Weg.

Genau in diesen Momenten ist es hilfreich,
den Glaubenssatz »Ich muss das jetzt unbedingt
machen!« als Fragen zu formulieren.

Die Antworten zeigen dir ungeahnte Optionen auf.

MUSS ich das jetzt unbedingt machen?
Oder verstehen Freunde und Familie auch, wenn du sagst: »Hey, ich kann heute leider nicht. Ich habe das Bedürfnis, mich auszuruhen.«

Muss ICH das jetzt unbedingt machen?
Oder kann ein anderer vielleicht Teile deiner Arbeit übernehmen?

Muss ich DAS jetzt unbedingt machen?
Oder ist es sinnvoller, eine andere Sache zu machen? Nicht alles ist eine Priorität. Gerade wenn es viel wird, stufe ein und kümmere dich nur um die absoluten Wichtigkeiten.

Muss ich das JETZT unbedingt machen?
Oder kann die Aufgabe auch bis morgen warten und du dich jetzt erst mal ausruhen?

Muss ich das jetzt UNBEDINGT machen?
Oder ist das vielleicht nur dein eigener Anspruch an dich selbst?

Muss ich das jetzt unbedingt MACHEN?
Oder besteht eine große Chance, dass sich die Angelegenheit von allein regelt? Vieles, von dem wir in einem Zustand der Anspannung meinen, es erledigen zu müssen, hat sich nach ein paar Tagen von selbst erledigt.

Ein einziges liebes Wort hat die Macht, den gesamten Tag von jemandem zu verändern. Dieser Jemand könntest du sein.

Grenzen setzen

Sprechen wir von Selbstliebe,
darf ein Wort nicht fehlen: Grenzen.

Denn ein Ja zu jemand anderem kann schnell zu einem Nein für uns werden. Jede und jeder von uns hat ihre und seine eigenen individuellen Grenzen, und zwei Menschen haben selten die gleichen. Genau deshalb ist es so wichtig, dass wir über unsere Grenzen sprechen, nur so kann unser Gegenüber sie auch wahren. Bevor wir aber über unsere Grenzen sprechen können, müssen wir uns zuerst einmal bewusst werden, wo denn überhaupt unsere Grenzen liegen.

Identifiziere deine Grenzen

Deine Grenzen umzäunen dein persönliches Hoheitsgebiet, indem du bestimmst, was erlaubt ist oder nicht und was dir guttut oder nicht. Der einfachste Weg, dir deiner Grenzen bewusst zu werden, ist es, einen Blick auf die Momente zu werfen, in denen du dich unwohl, übergangen, vor den Kopf gestoßen oder gestresst gefühlt hast. Sie sind Indizien dafür, dass deine Grenzen von anderen oder dir selbst überschritten wurden.

Mach dir ebendiese Situationen bewusst und frag dich:

Was hat dein Unwohlsein ausgelöst?

Was hat die andere Person gesagt oder getan?

Welches deiner Bedürfnisse wurde missachtet? Das Bedürfnis nach Fairness, Respekt, Ruhe, Privatsphäre?

Welcher deiner Werte wurde missachtet?

Oder hast du vielleicht selbst deine Grenzen überschritten, indem du deine Bedürfnisse nicht geachtet hast? Indem du Ja gesagt hast, obwohl dein Gefühl ein klares Nein war?

Analysiere die Situationen, und du wirst ein ziemlich klares Bild von deinen Grenzen bekommen.

Kommuniziere deine Grenzen

Wenn du deine Grenzen erforscht und umrissen hast, gilt es, sie zu wahren, indem du über sie sprichst. Die eigenen Grenzen zu kommunizieren, ist oft mit einem Nein verbunden, welches uns weitaus schwerer über die Lippen kommt als ein Ja, zu dem wir uns schnell hinreißen lassen.

Mach dir deshalb bewusst, welche Konsequenzen ein falsches Ja für dich hätte:

Wie viel Kraft müsstest du aufwenden?

Welche inneren Widerstände müsstest du überwinden?

Wie viel Zeit würde es dich kosten?

Auf was müsstest du verzichten?

Solltest du dich für ein Nein entschieden haben, kommuniziere dieses klar und deutlich. Hierfür eignen sich Ich-Botschaften ganz besonders gut. Denn denk daran, zwei Menschen haben selten die gleichen Grenzen. Durch die Ich-Botschaften steckst du deine Grenzen ab, indem du über deine Bedürfnisse sprichst, die deinem Gegenüber wahrscheinlich nicht bewusst sind.

1. **Kommuniziere deine Beobachtung:**
   Ich habe die Woche viel gearbeitet

2. **Kommuniziere dein Gefühl:**
   Ich fühle mich erschöpft

3. **Kommuniziere dein Bedürfnis:**
   Ich habe das Bedürfnis, mich zu erholen.

4. **Kommuniziere deinen Wunsch:**
   Bitte frag doch jemand anderen, ob er aushelfen kann.

Du wirst merken, dass andere es zu schätzen wissen, wenn sie deine Grenzen kennen. Denn so ermöglicht ihr einander ein authentisches und unbefangenes Miteinander.

Affirmationen der Selbstfürsorge

Die folgenden Affirmationen kannst du nutzen, um tief zu verinnerlichen, dass du dich ab jetzt fürsorglich um dich kümmerst. Sprich die Affirmationen entweder leise in deinen Gedanken oder laut als gesprochenes Wort. So wie es sich für dich richtig anfühlt. Wiederhole jede Affirmation dreimal.

Ich darf mich von
Menschen und Situationen trennen,
die mir nicht guttun.

Ich erlaube mir,
mich auszuruhen.

Ich lasse meine
Energie in das fließen,
was mir wichtig ist.

Ich gebe mir selbst
die Erlaubnis, das zu tun,
was sich richtig anfühlt.

Ich schenke mir selbst die
Aufmerksamkeit und Fürsorge,
die ich verdiene.

Das Leben als Theaterstück

Ist dir schon einmal aufgefallen, dass wir uns das Leben manchmal selbst schwer machen, indem wir es zu ernst nehmen? Harmlose Situationen auf der Arbeit, die verpasste Bahn oder eine kleine Meinungsverschiedenheit färben das Wetter unseres Lebens dann grauer ein, als es in Wirklichkeit ist. Alles scheint überfordernd, und Kleinigkeiten haben das Potenzial, unseren Tag zu ruinieren.

Die folgende tantrische Technik unterstützt dich dabei, das Leben leichter zu nehmen, indem du es aus der Sicht einer Zuschauerin betrachtest.

Probiere hierfür sieben Tage lang aus, die Welt als ein einziges, großes Theaterstück zu sehen. Betrachte dein Leben, alles, was du siehst und was andere zu dir sagen, als Teil der Performance. Nimm die Beobachterperspektive ein, anstatt das, was dir passiert, zu werten, persönlich zu nehmen oder impulsartig darauf zu reagieren. Experimentier eine Woche mit dieser Sichtweise. Du wirst dadurch nichts verlieren, denn du hast nichts zu verlieren, schließlich ist alles Teil des Theaterstücks.

**Du wirst aber eines gewinnen:
Ganz viel Gelassenheit.**

Du wirst deine Energie nicht mehr für Beliebiges aufwenden, sondern nur in das investieren, was dir auch nach diesen sieben Tagen als wichtig und wertvoll erscheint. Viele Kleinigkeiten hingegen, an denen wir uns oft abarbeiten, werden dich deiner Energie nicht mehr berauben. Sie werden sich innerhalb der sieben Tage entweder von allein geregelt haben oder für dich nicht mehr von Bedeutung sein.

Drei Schritte in deine Richtung

Schritt 1
Die Bestandsaufnahme

Schreibe eine Liste der Dinge, die dir Freude bereiten, die dich inspirieren und glücklich machen. All die Dinge, die deinen Interessen und Bedürfnissen entsprechen.

Schreibe eine weitere Liste mit all den Dingen, die du jeden Tag tust. All das, mit dem du deine Zeit verbringst, auf deiner Arbeit, in deinem Privatleben und in deiner Freizeit.

Schritt 2
Vergleiche

Leg die beiden Listen nebeneinander und vergleiche sie. Inwiefern deckt sich das, was du täglich tust, mit deinen Interessen und deinen Bedürfnissen?

Schritt 3
Nimm Anpassungen vor

Schau dir an, wo es eine Diskrepanz gibt zwischen dem, was du täglich tust, und dem, was deinen Interessen und Bedürfnissen entspricht.

Und dann überlege:
Wie kannst du diese Lücke füllen?

Bitte setz dir kleine Ziele. Wir müssen nicht alle Lücken sofort schließen. Wahrlich effektiv schließen wir die Lücken durch kleine Anpassungen und Veränderungen, die dafür aber beständig sind. Solltest du beim Vergleich deiner Listen beispielsweise bemerken, dass es dir an spiritueller Weiterentwicklung und Innenschau in deinem Leben fehlt, dann könntest du diese Lücke mit einer täglichen Meditationspraxis schließen. Fünf Minuten am Tag sind hierfür vollkommen ausreichend. Du musst dich dafür gar nicht groß motivieren oder Zeit freischaufeln. Du tust es einfach.

Die Selbstfürsorge-Checkliste

Nimm dir am Ende jeder Woche drei Minuten Zeit für einen Selbstfürsorge-Rückblick. Wie gut hast du die Woche auf dich geachtet? Welche deiner Bedürfnisse hast du gestillt und welche sind vielleicht zu kurz gekommen und bedürfen in der kommenden Woche deiner Aufmerksamkeit?

Ergänze die Checkliste gerne um weitere deiner Bedürfnisse und mach sie so zu deiner ganz persönlichen Selbstfürsorge-Checkliste.

- *Habe ich Nein gesagt und bin dabei geblieben?*
- *Habe ich mich ausgeruht?*
- *Habe ich genug geschlafen?*
- *Habe ich mir etwas gegönnt?*
- *Habe ich soziale Begegnungen gehabt?*
- *Habe ich wertschätzend mit mir selbst gesprochen?*
- *Habe ich bemerkt, wenn ich nicht wertschätzend mit mir gesprochen habe, und das geändert?*
- *Habe ich gut gegessen und getrunken?*
- *Habe ich etwas getan, das mich inspiriert hat?*
- *Habe ich Erfahrungen abseits der Alltagsbewältigung gesammelt?*
- *Habe ich nach Hilfe gefragt, als ich welche brauchte?*

Ein Tag der Freude

Ernenne einen Tag der Woche zu deinem Freudentag. An diesem Tag richte deine Aufmerksamkeit ganz gezielt auf die Freude, von dem Moment an, in dem du morgens aufwachst, bis zu dem Moment, in dem du abends einschläfst.

Richte deine Aufmerksamkeit den ganzen Tag auf deine freudigen Empfindungen.

Wie fühlt sich Freude für dich an?
Leicht, positiv, energetisch, hoffnungsvoll?

Wo in deinem Körper kannst
du die Freude wahrnehmen?

Und was bereitet dir Freude?
Ein gutes Gespräch?
Eine bestimmte Musik?
Bewegung?
Das Beschäftigen mit einem
bestimmten Thema?
Eine bestimmte Aufgabe?
Ein besonderer Geschmack?
Ein bestimmtes Essen?
Ein besonderer Geruch?

Du wirst erstaunt sein, wie viel Freude bereits in deinem Leben vorhanden ist. Wenn du deinen Freuden gegenüber aufmerksam geworden bist, überlege, wie du weitere freudige Moment erschaffen und erfahren kannst.

Die 4-7-8-Atmung

Die 4 – 7 – 8-Atmung gilt als natürliches Beruhigungsmittel für das Nervensystem. Sie unterstützt dich dabei, Körper und Geist zu entspannen, und eignet sich besonders gut als Hilfsmittel in Stresssituationen und zum Einschlafen.

Atme mit sanft geschlossenen Lippen durch die Nase ein und zähle innerlich bis 4.

Halte die Luft an und zähle innerlich bis 7.

Atme geräuschvoll durch den Mund aus und zähle dabei innerlich bis 8.

Wiederhole diese Form der Atmung viermal.

SELBST-*VERTRAUEN* ENTWICKELN

DEN ERFAHRUNGSSCHATZ BERGEN

Sammle die Schätze auf deinem Weg

Jede Erfahrung auf deinem Lebensweg hält Schätze für dich bereit. Auch oder vor allem die herausfordernden. Wirf einen Blick zurück in deine Vergangenheit und wandere in Gedanken auf dem Pfad deines Lebens. Mach halt an einem Moment in deinem Leben, der nicht einfach war. Ein Schmerzpunkt. Ein Moment, in dem du nicht wusstest, wie es weitergehen soll. Und jetzt wandere zurück ins Hier und Jetzt. Zu dem Moment, in dem du diese Zeilen liest.

Wie hast du es geschafft, die damalige Aussichtslosigkeit in neue Perspektiven umzuwandeln?

Welche neuen Erkenntnisse hast du gewonnen?

Wie bist du über dich hinausgewachsen?

Welche neuen Kraftressourcen hast du entwickelt?

Schreibe alles auf. Dann wirf noch einmal einen Blick auf deine Notizen. All das, was du aufgeschrieben hast, steht dir als lebenslange Ressource zur Verfügung. Auch wenn dein Weg mal holprig werden sollte, du trägst alles, was du brauchst, bei dir. Egal, was dir auf deinem Weg als Nächstes passiert, du bist bereit dafür.

Gute Zeiten ausdehnen

Nimm ein paar tiefe Atemzüge.
Atme tief ein und vollständig aus.
Spüre den Boden unter deinen Füßen.

Die Erinnerung

Ich möchte dich einladen, dich an einen Moment in deinem Leben zu erinnern, in dem du sehr glücklich warst. Ein Moment, in dem du dich ganz losgelöst und frei gefühlt hast. Ein Moment voller Glück, Zufriedenheit und Geborgenheit. Tauche ein in die Erinnerung an deinen Moment.

Wo warst du? Welche Menschen waren bei dir? Welche Farben und Gerüche nimmst du wahr?

Genieße die Erinnerung und das wunderschöne warme Gefühl, das jetzt in dir aufsteigt.

Das Gefühl

Lass ganz langsam die Erinnerung an deinen Moment los, aber behalte das wunderschöne warme Gefühl bei dir. Spüre, wie das Gefühl bei dir bleibt, auch wenn du die Bilder und Geschichten jetzt loslässt. Leg jetzt eine Hand auf dein Herz und lass dieses wunderschöne Gefühl tief in dein Herz fließen.

Dehne das Gefühl aus

Jetzt dehne das schöne Gefühl aus.
Schicke es in deinen Brustkorb und spüre, wie dein ganzer Brustkorb warm wird. Schicke es in deinen Bauch und spüre, wie dein Bauch warm wird. Schicke dein schönes warmes Gefühl in deine Beine, deine Füße, deine Arme, deine Hände, deinen Hals und deinen Kopf. Lade deinen ganzen Körper auf mit diesem guten Gefühl und spüre, wie er anfängt, angenehm zu kribbeln.

Umspanne deine Welt

Dehne das Gefühl noch weiter aus.
Schicke es in den Raum, in dem du gerade sitzt. Schicke dein schönes Gefühl in jede Ecke des Zimmers. Schicke es bis unters Dach, durch die Fenster und Türen bis auf die Straße. Schicke das wunderschöne Gefühl in jeden U-Bahn-Schacht und jedes Hochhaus. Umspanne deine ganze Welt mit deinem wunderschönen warmen Gefühl.

Sollte dein Alltag dir mal dunkel und trist erscheinen, dann leg für einen Moment deine Hand auf dein Herz, verbinde dich mit deinem wunderschönen Gefühl und erhelle mit ihm deine ganze Welt.

Der Sternstunden-Rückblick

Schau zurück auf dein Leben und all das, was du schon erreicht hast. Die Momente, in denen du einen Schritt hinaus aus der Komfortzone getreten bist. Momente, in denen du über dich hinausgewachsen bist. Momente, in denen du mutig warst und deinem Leben eine neue Richtung gegeben hast. Das müssen keine grandiosen Ereignisse sein. Es zählt jeder kleine Erfolg, über den du dich gefreut hast und bei dem du stolz auf dich warst.

Nimm jetzt das Erfolgsgefühl von damals wahr und fühle, wie es sich in dir ausbreitet.

Das Erfolgsjournal

Ist dir schon einmal aufgefallen, dass du dich oft vergleichst? Wir alle tun das, obwohl es uns überhaupt nicht guttut. Denn meistens vergleichen wir die Stärken der anderen mit unseren Schwächen. Das ist kein sehr fairer Vergleich. Es gibt allerdings eine Person, mit der du dich vergleichen solltest: mit dir selbst.

Nimm dir alle paar Wochen ein paar ruhige Minuten, um über folgende Fragen zu reflektieren:

Was konntest du früher nicht, was du inzwischen gelernt hast?

Wovor hattest du früher Angst, was du dich jetzt traust?

Wovon hast du früher geträumt, was du heute realisiert hast?

Deine Ressourcenquelle

Ich lade dich ein, dir ein Stück Papier zu nehmen und darauf eine Liste all der Dinge zu notieren, die dir schon einmal geholfen haben, als es dir schlecht ging. Schreibe die Dinge, die dir am meisten helfen, ganz oben auf deinen Ressourcenzettel.

Ressourcen können beispielsweise sein:

- ***Erinnerungsstücke wie Postkarten oder Fotos von Freunden.***
- ***Ein Song oder bestimmte Klänge, die dich gut fühlen lassen.***
- ***Ein Duft, der dich an ein positives Ereignis in deinem Leben erinnert.***
- ***Ein Gedicht, Zitat oder eine Geschichte, die dir Mut spendet.***
- ***Die Telefonnummer eines Menschen, der immer für dich da ist und den du auch nachts anrufen kannst, wenn du ihn brauchst.***
- ***Eine Meditation, die eine besonders positive Wirkung auf dich hat.***

Bewahre deinen Ressourcenzettel an einem besonderen Ort auf, wo du ihn jederzeit finden kannst. Wenn dich das Leben herausfordert, erinnert er dich an all das, was dir zur Verfügung steht, um die Situation zu meistern. Du kannst all deine Ressourcen natürlich auch in einer schönen Box oder Schatulle verwahren, sodass du direkt Zugriff auf sie hast, solltest du sie brauchen.

Gefühle erhellen

Negative Dinge halten wir uns häufiger vor Augen als die positiven. Es handelt sich dabei um ein sozialpsychologisches Phänomen namens »Negativity Bias«, auf Deutsch »Negativitätsverzerrung«. Es beschreibt die Tendenz unseres Gehirns, Negatives bis zu fünfmal wichtiger einzustufen als Positives.

Was dagegen hilft:
Schließ deine Augen und denk ganz aktiv an einen Moment in deinem Leben, in dem es nichts zu optimieren gab, in dem du einfach nur glücklich gewesen bist. Wenn du dir diese Erinnerung zurückholst, kannst du das Gefühl von damals heute noch spüren. Vielleicht fühlst du eine angenehme Wärme im Brustkorb, kannst freier atmen oder musst sogar ein wenig lächeln. Mit Sicherheit geht es dir sofort besser.

Affirmationen für unerschütterliches Vertrauen

Atme tief ein. Spüre, wie die Luft deinen gesamten Körper füllt. Halte die Luft am tiefsten Punkt des Einatmens an ... Noch einen Moment ... Kannst du fühlen, dass du lebendig bist? Jetzt atme langsam und bewusst aus.

Sprich nun die Affirmationen des unerschütterlichen Vertrauens für dich. Verbinde dich mit ihrer Bedeutung, während du sie rezitierst. Vielleicht zu Beginn noch zaghaft, doch mit jeder Wiederholung wächst dein Glaube an dich und das Leben.

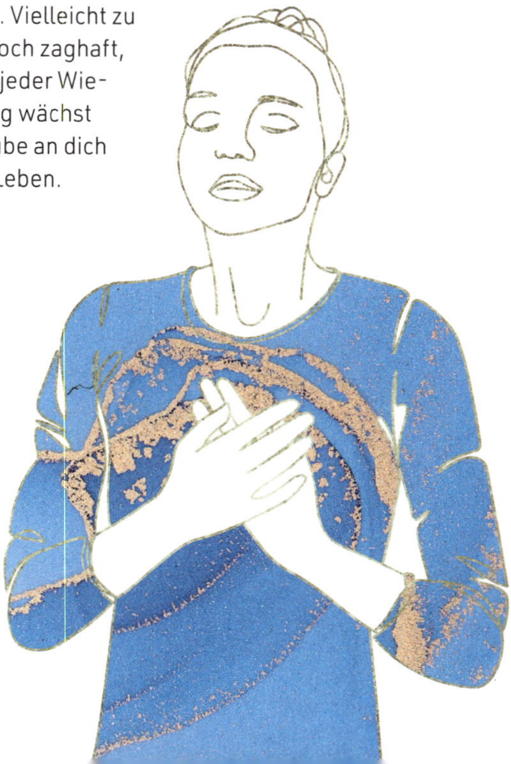

Ich heile, lerne und
wachse jeden Tag.

Ich vertraue auf
meine Fähigkeiten,
Stärken und Talente.

Meine Möglichkeiten
sind unendlich.

Ich kann mich
auf mich verlassen.

Ich atme Liebe ein
und Angst aus.

Jeden Tag werde ich
mutiger und freier.

Ich vertraue darauf,
dass ich auf dem
richtigen Weg bin.

Mein Leben hat
einen positiven
Einfluss auf die Welt.

Ich sage Ja zum Leben,
jeden Tag.

Ich glaube an mich.

Alles ist möglich,
denn ich bin am Leben.

Aus Fehlern wachsen

Wir alle machen Fehler. Das ist vollkommen okay. Fehler sind die Erinnerung an unsere Unperfektheit. Sie wollen uns wachsen und lernen lassen. Das Entscheidende beim Fehlermachen ist, dass wir lernen wollen und es beim nächsten Mal besser machen wollen. Oder anders gesagt, dass wir einen konstruktiven und proaktiven Umgang mit Fehlern finden, um uns daraus weiterzuentwickeln.

Die folgende Übung unterstützt dich dabei.

Der Fehler

Schreibe deinen Fehler auf. Was bereust du? Was hast du falsch gemacht? Was hättest du gerne anders gemacht

Vielleicht hast du vor deinen Kindern gestritten?
Warst ungerecht?
Hast jemanden durch unachtsame Worte gekränkt?
Oder dir ist ein Fehler auf der Arbeit unterlaufen, der auch andere in Mitleidenschaft zieht?

Die Erklärung

Schreibe einen Erklärungsansatz auf. Achtung, Erklärungen sind keine Ausreden, sondern eine Ursachenforschung. Denn der Fehler ist meist nur ein Symptom. Sobald du die Ursache benennen kannst, kannst du verhindern, dass der Fehler dir noch einmal passiert. Erklärungsansätze können sein:

Da wir keine Zeit zu zweit haben, kommt es immer häufiger dazu, dass wir Konflikte vor den Kindern austragen.

Ich war vollkommen überarbeitet, und deshalb bin ich explodiert, als ich zu Hause durch die Tür gekommen bin und gesehen habe, wie unordentlich es ist.

In der Diskussion wurde eine alte Verletzung getriggert, deshalb habe ich wie blind gewütet.

Ich habe mich in dem Gespräch verbal unterlegen gefühlt, deshalb bin ich in den Angriff gegangen.

Ich hatte keine Ahnung, dass meine Wortwahl für mein Gegenüber verletzend ist.

Ich hatte zu viele verschiedene Aufgaben auf meinem Schreibtisch, sodass es mir schwerviel, mich zu fokussieren.

Die Lösung

Überlege dir für jeden Erklärungsansatz, was du tun könntest, um den Fehler nicht noch einmal zu machen.

Wir werden uns einen Abend in der Woche Zeit zu zweit nehmen, ohne irgendwelche Pflichten zu erledigen, sondern um uns auszutauschen.

Ich werde ein Projekt auf der Arbeit abgeben, damit ich keine Überstunden mehr machen muss.

Ich werde mir Hilfe suchen, um traumatische Lebensereignisse aufzuarbeiten.

Ich werde mir in Gesprächen mehr Raum schaffen, damit ich die Zeit habe, die richtigen Worte zu finden.

Ich werde mich informieren, welcher Sprachgebrauch aus welchem Grund für andere verletzend ist, und entsprechend anders kommunizieren.

Ich werde bei meiner Vorgesetzen und meinen Kollegen anregen, dass es sinnvoll wäre, die Aufgaben nach Themengebieten zu verteilen.

Der Rat fürs Leben

Mach es dir so bequem wie möglich und nimm ein paar tiefe Atemzüge. Merkst du, wie du dich immer mehr entspannst?

Stell dir jetzt vor, wie du deine Straße entlanggehst. Du hörst das Geräusch deiner Schuhe auf dem Asphalt, während du zügigen Schrittes auf dem Weg zur Arbeit oder zum Einkaufen bist.

Die blaue Tür

Plötzlich siehst du eine blaue Tür, die dir zuvor noch nie aufgefallen ist. Neugierig gehst du auf die Tür zu. Schritt für Schritt. 1 – 2 – 3 – 4 – 5 – 6 Schritte. Angekommen bei der blauen Tür, erkennst du eine goldene Klinke. Du greifst jetzt nach der goldenen Klinke, drückst sie hinunter, öffnest die blaue Tür und gehst hindurch.

Der Garten

Mit dem Übertreten der Türschwelle gelangst du in einen wunderschönen Garten. Du spürst sofort, dass du hier willkommen bist. Der Garten ist bewachsen mit den schönsten Wildblumen, die in satten Farben leuchten. Du fühlst die warme Sommersonne auf deiner Haut und lauschst dem sanften Brummen der Hummeln. Inmitten des Gartens steht eine Pagode aus Ebenholz. Geh jetzt auf die Pagode zu.

Die Mentorin

Als du dich der Pagode näherst, erkennst du eine ältere Dame mit weißem Haar, die auf der Pagode sitzt. Sie winkt dich zu sich heran. Geh zu ihr. Du stehst jetzt vor ihr und blickst in ihre vertrauensvollen Augen. Sie nickt dir aufmunternd zu und bittet dich, neben ihr Platz zu nehmen. Du setzt dich hin und blickst in ihr lächelndes Gesicht. Du kannst sehen, wie zufrieden sie ist. Und du siehst noch etwas: ihre Weisheit. Dir wird klar, dass sie eine Mentorin für dich ist.

Der Rat

Wenn du eine Frage hast, die dir auf der Seele liegt oder dich bedrückt, dann stell sie deiner Mentorin jetzt. Deine Mentorin mit dem weißen Haar lächelt dich mit sanften Augen an und gibt dir folgenden Rat:

> ***»Mach dir nicht so viele Sorgen.***
> ***Wenn du eines Tages, so wie ich, auf dein Leben zurückblickst, ist nur eins wichtig: dass du gerne zurückblickst. Dass dein Herz, ganz egal, wie alt es ist, fest und stark schlägt, wenn du zurückblickst.***
> ***Deshalb: Leb. Leb aus vollem Herzen.***
> ***Wenn du diesen Rat befolgst, dann kannst du gar nicht scheitern. Denn aus allem, was du erlebst, wird etwas Wundervolles entstehen, und das ist dein Leben.«***

Ihr beide lächelt euch an, und du kannst die Bedeutung der Worte deiner Mentorin in Form von tiefem Vertrauen in dir spüren. Und sollte dich dieses Vertrauen in deinem Alltag mal verlassen, kannst du jederzeit zurückkommen in den Garten und deine Mentorin um Rat fragen, denn sie liegt tief in dir und ist immer da.

Nimm noch ein paar bewusste Atemzüge und komm langsam zurück in den Raum, in dem du jetzt sitzt.

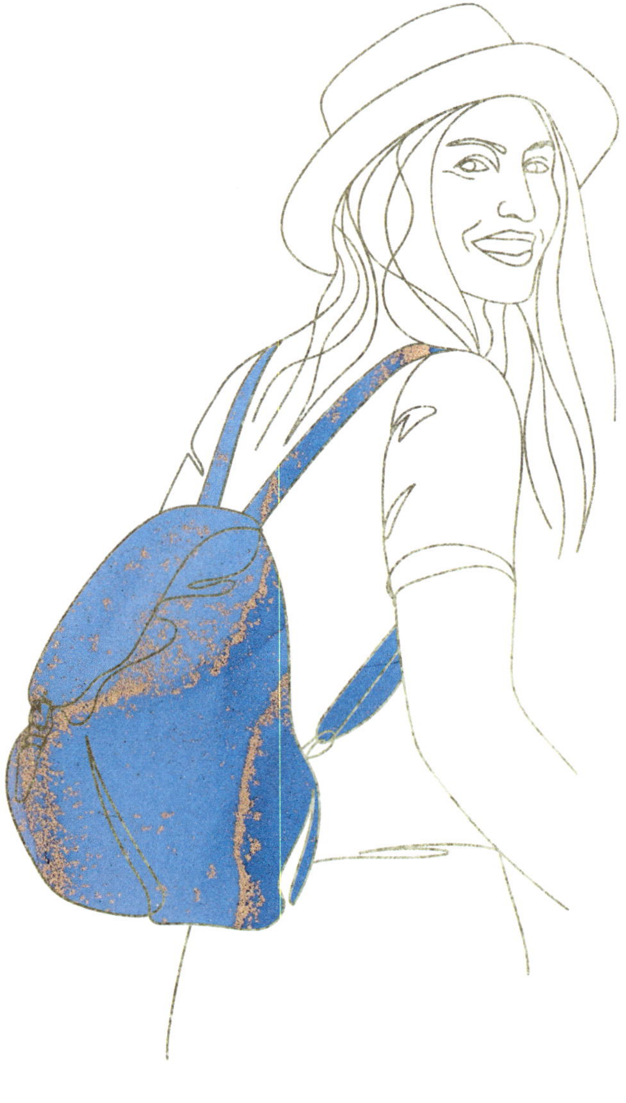

Eines Tages wirst
du zurückschauen und
dich fragen, warum
du dir jemals Sorgen
gemacht hast.

Du bist sicher bei dir

Mach dir selbst das Geschenk, jetzt ganz bei dir in diesem Moment zu sein. Atme dafür ein und aus. Spüre, wie mit der Einatmung kühle Luft einströmt und deinen Brustkorb hebt, und wie mit der Ausatmung erwärmte Luft wieder hinausströmt.

Dein sicherer Ort

Ich lade dich ein, an einen Ort deines Erwachsenenlebens zu denken, an dem du dich sicher und geborgen fühlst. Vielleicht ist dieser Ort dein jetziges Zuhause, vielleicht deine erste kleine Wohnung oder ein früheres WG-Zimmer. Vielleicht ist dieser Ort auch ein Urlaubsziel, das du bereist hast. Ganz egal, wo dieser Ort liegt, geh in Gedanken dort hin und schau dich in Ruhe um. Spüre, wie das Gefühl von Sicherheit in dir aufsteigt.

Dein jüngeres Ich

Jetzt geh in Gedanken zu einem Moment deiner Kindheit, in dem es dir an Sicherheit gefehlt hat. Dort triffst du dein jüngeres Ich. Du lächelst es an und reichst ihm die Hand. Hand in Hand geht ihr beide zu deinem Ort der Sicherheit, und du sagst zu deinem jüngeren Ich:

> ***»Vielleicht fühlst du dich manchmal hilflos, aber schau dich um – alles wird gut. Du wirst an Orten voller Sicherheit leben. Du bist in Sicherheit.«***

Deine Herzensmenschen

Nun möchte ich dich einladen, all die Menschen, die dir heute als Erwachsene Geborgenheit schenken, an deinen Ort der Sicherheit einzuladen.

Hand in Hand stehend, schauen du und dein jüngeres Ich in die lächelnden Gesichter deiner Herzensmenschen. Und du sagst zu deinem jüngeren Ich:

> ***»Vielleicht fühlst du dich manchmal allein,***
> ***aber schau dich um – alles wird gut.***
> ***Du wirst wundervolle Menschen an deiner***
> ***Seite haben, die dich lieben.«***

Dein jüngeres Ich und du, ihr schaut euch jetzt an und lächelt aus tiefem Herzen, denn ihr wisst, alles ist gut. Genieße das tiefe Vertrauen, das sich jetzt in dir ausbreitet. Wenn du bereit bist, dann komm zurück in den Raum, in dem du jetzt gerade sitzt.

Goldene Zeiten

Nimm ein paar tiefe Atemzüge. Atme tief ein und vollständig aus. Bringe deine Aufmerksamkeit auf deine rechte Hand, wenn du Rechtshänderin bist, und auf deine linke Hand, wenn du Linkshänderin, bist.

Berühre mit dem Daumen die Spitze des Zeigefingers.

Erinnere dich an einen Moment in deinem Leben, der voller Geborgenheit war. Ein Ereignis, bei dem du das Gefühl hattest, geliebt und versorgt zu sein. Vielleicht liegt dieser Moment in deiner Kindheit, als dich deine Mutter nach dem Baden am See in ein Handtuch gewickelt hat. Vielleicht hat der Moment sich aber erst kürzlich zugetragen, als deine Freunde und du an einem Sommerabend eure Sorgen und Träume miteinander geteilt habt und du gespürt hast: »Ich bin nicht allein«. Tauche ein in die Erinnerung an deinen Moment der Geborgenheit.
Tauche ein in das goldene Gefühl der Geborgenheit.

Jetzt berühre mit deinem Daumen die Spitze deines Mittelfingers.

Erinnere dich an einen Moment, der für dich von Erfolg gekennzeichnet war. Vielleicht ist dieser Moment dein Uni-Abschluss, die Zusage für deinen Ausbildungsplatz, die Geburt deines Kindes, das Kochen eines großen Essens für deine Freunde. Was auch immer dein Erfolgsmoment ist, tauche ein in die Erinnerung.
Tauche ein in das goldene Gefühl des Erfolgs.

Berühre jetzt mit dem Daumen deinen Ringfinger.

Erinnere dich, wie du etwas Selbstloses für jemand anderen getan hast. Etwas, das einer anderen Person etwas bedeutet hat. Vielleicht hast du auf die Kinder deiner Freundin aufgepasst, als sie krank war. Vielleicht hast du einem Freund beim Lernen für seine Prüfungen geholfen. Vielleicht hast du die Einkäufe für deine ältere Nachbarin erledigt. Tauche ein in dein Mitgefühl. ***Tauche ein in das goldene Gefühl der Verbundenheit.***

Jetzt berühre mit dem Daumen den kleinen Finger.

Erinnere dich, wie du jemanden geliebt hast. Wirklich geliebt hast oder immer noch liebst. Ganz egal, ob diese Person noch in deinem Leben ist oder nicht. Ganz egal, wer dieser Mensch ist. ***Tauche ein in das warme, goldene Gefühl der Liebe.***

Nimm deine goldenen Gefühle jetzt mit in deinen Tag. Sie erinnern dich daran, dass gute Momente jederzeit in deinem Leben vorhanden sind, wenn du deine Augen für sie öffnest.

Den Tag positiv verabschieden

Wenn du dich am Abend ins Bett legst, wandere in Gedanken noch einmal durch deinen Tag. Zähle jeden Abend drei Ereignisse des vergangenen Tages auf, die dich positiv gestimmt haben. So lenkst du deinen Fokus bewusst auf die Dinge in deinem Leben, die gut gelaufen sind und die dich freudvoll stimmen. Eine positive Wahrnehmung ist nämlich weitaus mehr als bloß eine spontane Reaktion. Du kannst sie gezielt praktizieren und dich in ihr üben. Mit der Zeit fallen dir die schönen Momente immer schneller ins Auge. Mach dir dabei auch deinen eigenen Anteil bewusst. Was hast du dazu beigetragen, dass der Tag positiv verlaufen ist? Hierdurch stärkst du das Vertrauen in dich selbst, und dir wird klar, dass du einen Einfluss auf dein Leben hast.

Die Sonne hat mich gewärmt.
Mein Zutun: Ich habe einen Spaziergang gemacht.

Ich hatte einen wunderschönen Moment voller Verbundenheit mit einer Freundin.
Mein Zutun: Ich habe mir Zeit für ein Treffen genommen, aufmerksam zugehört und mich ehrlich mitgeteilt.

Ich hatte einen entspannenden Abend.
Mein Zutun: Ich habe mir keine Arbeit mit nach Hause genommen.

Heute habe ich etwas Neues gelernt.
Mein Zutun: Ich habe mir Zeit genommen, ein Buch zu lesen.

Heute konnte ich einen alten Konflikt endlich auflösen.
Mein Zutun: Ich habe vergeben.

*Hab Vertrauen
in das nächste
Kapitel, denn du
bist die Autorin.*

NEUE ERFAHRUNGEN MACHEN

Wenn heute dein letzter Tag wäre

Ganz egal, wie unterschiedlich unsere Leben auch sein mögen und das, woran wir glauben, wir alle wissen eins mit absoluter Sicherheit: Unser Leben in diesem Körper ist begrenzt, und irgendwann kommt der Moment, in dem unsere Seele ihn verlässt. Was wir natürlich nicht wissen, ist, wann dies passieren wird, und das führt dazu, dass wir uns nicht beziehungsweise ungern damit beschäftigen. Eigentlich paradox, denn alles, was begrenzt ist, ist von Natur aus sehr wertvoll. Warum also unsere Augen verschließen vor der Kostbarkeit des Lebens? Mithilfe der folgenden Fragen öffnest du deine Augen und stellst sicher, dein wertvolles Leben wirklich voll und ganz auszukosten.

Wenn du heute sterben würdest, was würdest du über dein bisher gelebtes Leben denken? Wie würdest du fühlen? Wären da Gedanken wie:

Ich habe meine Zeit nicht voll ausgekostet.
Da ist noch so vieles, was ich machen wollte.
Da ist etwas, das ich aufgeschoben habe.
Da ist noch so vieles, was ich sagen wollte.
Da ist jemand, mit dem ich mehr Zeit verbringen wollte.

Was würdest du bedauern? Was würde schmerzen?

Notiere dir all deine Antworten auf ein Blatt Papier und kleb dieses an deinen Badezimmerspiegel. Nimm dir jeden Morgen beim Blick in den Spiegel einen Moment Zeit und frag dich: »Wenn heute mein letzter Tag wäre. Stimmt das, was ich heute tue, mit dem überein, wie ich mein Leben leben will?«

Mut macht Mut

Mut ist einer deiner wichtigsten Muskeln. Immer wenn du mutig handelst, wird dein Mut größer und stärker. Mit jedem Mal mutig sein, fällt es dir ein kleines bisschen leichter. Oder anders gesagt: Mut macht Mut.

Hierbei sind die kleinen Akte des Mutigseins genauso wichtig oder effizient wie die großen. **Frag dich: Wie kannst du heute mutig sein?**

Rede ein bisschen
lauter als normal.

Nimm ein bisschen mehr
Platz ein als normal.

Setz dich eine Reihe
weiter nach vorne im Hörsaal.

Erzähle etwas von dir,
was du noch niemandem erzählt hast.

Beende Gespräche schneller,
auf die du keine Lust mehr hast.

Sag Nein, wenn du etwas nicht willst,
und bleib dabei.

Setz dich für jemanden ein,
der ungerecht behandelt wird.

Steh jemandem zur Seite,
der Unterstützung braucht.

Freiheit atmen

Schließ deine Augen. Atme ein.
Ganz langsam. Noch ein wenig langsamer.
Spürst du, wie die Luft sich ihren Weg bahnt?
Wie sie die Enge deines Brustkorbs füllt,
weitet, ausdehnt?

Atme so tief ein, wie du kannst –
dann halte die Luft an. Zähle langsam bis zehn.
Spüre, wie dein Herz schlägt, zuerst sanft und
dann mit jedem Schlag fester und fester.

Fühle, wie die Luft heraus möchte …
dann atme kraftvoll und tief aus!
Und genieße diesen Moment der Freiheit.

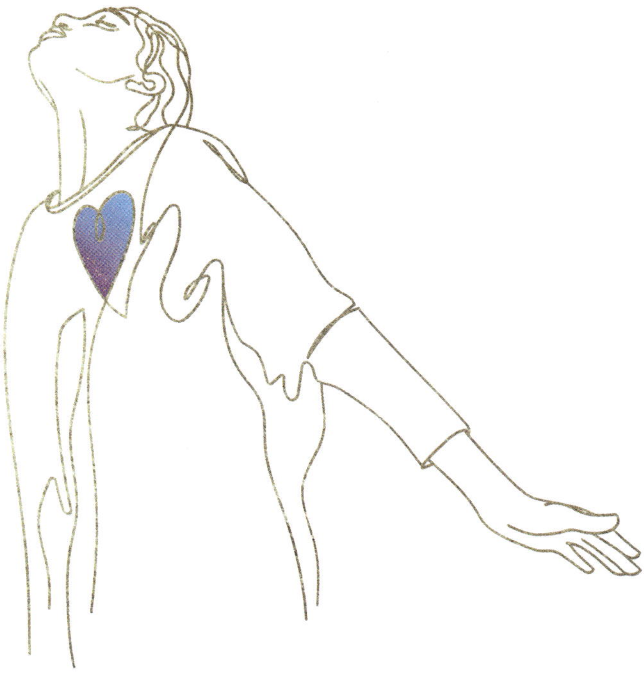

Den Alltag durchbrechen

Hand aufs Herz:
Wie oft hast du etwas nicht getan, was
du eigentlich tun wolltest? Wie oft hast du
»Ich habe keine Lust« gesagt, obwohl der wahre
Grund die Befürchtung war, nicht gut darin zu sein,
oder die Angst, nicht zu wissen, was auf
dich zukommt.

Damit bist du nicht allein.
Unser Nervensystem ist darauf ausgelegt,
Dinge, die Unbehagen auslösen könnten,
zu vermeiden. Doch diese Reaktion bremst
unser Leben meistens aus, anstatt hilfreich zu
sein. Denn wenn du immer nur das tust, mit
dem du dich bereits auskennst, wie willst du
dich dann als Mensch entwickeln?

Leb stattdessen nach dem
buddhistischen Prinzip: Sei nicht so berechenbar.
Durchbreche deinen Alltag, indem du Neues
ausprobierst, ohne die Erwartung, besonders
gut oder effizient darin zu sein.

**Denn nur wenn wir Erwartungen loslassen,
dann kann das Leben passieren.**

Vielleicht probierst du einen neuen Sport aus,
schließt dich einem Chor an, nimmst einen neuen
Weg zu Arbeit, lächelst Menschen auf der Straße an
oder machst Fremden ein Kompliment?

Die Schaukelstuhlfrage

Stell dir vor, du bist 90 Jahre alt und sitzt gelassen in deinem Schaukelstuhl auf der Veranda deines Hauses. Ein leichter Sommerwind rauscht in den Baumwipfeln und vermischt sich mit dem Gesang der Vögel zu einer sanften Melodie. Mit einem Lächeln blickst du auf dein Leben zurück. Du bist absolut zufrieden und glücklich mit dem, was du siehst.

Wie müsstest du gelebt haben, damit das passiert?

Welche Werte hättest du vertreten?

An welchen Orten wärst du gewesen?

Womit hättest du deine Zeit verbracht?

Was müsstest du erlebt haben?

Welche Spuren hättest du auf dieser Welt hinterlassen?

Welche Wünsche hättest du dir erfüllt?

Welche Wünsche hättest du anderen erfüllt?

Mit welchen Menschen hättest du deine Zeit verbracht?

In welcher Erinnerung würdest du in den Menschen weiterleben?

Lass die aufkommenden Bilder wie einen Film vor deinem geistigen Auge abspielen. Sie zeigen dir das Leben, auf das du später in deinem Schaukelstuhl mit einem lachenden Herzen zurückblickst.

Die Zeitkapsel

Stell dir vor, vor deiner Haustür steht eine Zeitkapsel. Du steigst ein, setzt dich hin, schnallst dich an und drückst einen großen roten Knopf. Es ruckelt und wackelt, die Kapsel hebt für einen kurzen Moment ab, um dann wieder sanft zu landen. Die Tür öffnet sich, du schnallst dich ab, stehst auf, trittst heraus aus der Zeitkapsel und erkennst, dass sie dich genau ein Jahr in die Zukunft geschickt hat. Und du nimmst noch etwas wahr: Du bist vollkommen glücklich und zufrieden.

Woran würdest du das merken?
Was hätte sich geändert in deinem Leben?
Was würdest du anders machen?
Was hättest du hinter dir gelassen?

Nimm dir für die aufkommenden Bilder und Gedanken ausreichend Zeit. Was von dem, das dich innerhalb eines Jahres in dein glückliches und zufriedenes Leben führt, kannst du jetzt schon umsetzen? Was sind die ersten kleinen Schritte? Bevor du dich heute Abend schlafen legst, geh einen davon.

Meine Seele hat es eilig

Ich habe meine Jahre gezählt und festgestellt, dass ich weniger Zeit habe zu leben, als ich bisher gelebt habe. Ich fühle mich wie dieses Kind, das eine Schachtel Bonbons gewonnen hat: Die ersten isst es mit Vergnügen, aber als es merkt, dass nur noch wenige übrig sind, beginnt es, sie wirklich zu genießen.

Ich habe keine Zeit für endlose Konferenzen, bei denen die Statuten, Regeln, Verfahren und internen Vorschriften besprochen werden, in dem Wissen, dass nichts erreicht wird. Ich habe keine Zeit mehr, absurde Menschen zu ertragen, die ungeachtet ihres Alters nicht gewachsen sind. Ich habe keine Zeit mehr, mit Mittelmäßigkeit zu kämpfen. Ich will nicht in Besprechungen sein, in denen aufgeblasene Egos aufmarschieren. Ich vertrage keine Manipulierer und Opportunisten. Mich stören die Neider, die versuchen, Fähigere in Verruf zu bringen, um sich ihrer Positionen, Talente und Erfolge zu bemächtigen.

Meine Zeit ist zu kurz, um Überschriften zu diskutieren. Ich will das Wesentliche, denn meine Seele ist in Eile. Ohne viele Süßigkeiten in der Packung.

Ich möchte mit Menschen leben, die sehr menschlich sind. Menschen, die über ihre Fehler lachen können, die sich nichts auf ihre Erfolge einbilden. Die sich nicht vorzeitig berufen fühlen und die nicht vor ihrer Verantwortung fliehen. Die die menschliche Würde verteidigen und die nur an der Seite der Wahrheit und Rechtschaffenheit gehen möchten. Es ist das, was das Leben lebenswert macht.

Ich möchte mich mit Menschen umgeben, die es verstehen, die Herzen anderer zu berühren. Menschen, die durch die harten Schläge des Lebens lernten, durch sanfte Berührungen der Seele zu wachsen.

Ja, ich habe es eilig, ich habe es eilig,
mit der Intensität zu leben, die nur die Reife geben kann.

Ich versuche, keine der Süßigkeiten, die mir noch bleiben, zu verschwenden. Ich bin mir sicher, dass sie köstlicher sein werden, als die, die ich bereits gegessen habe.

Mein Ziel ist es, das Ende zufrieden zu erreichen, in Frieden mit mir, meinen Lieben und meinem Gewissen.

**Wir haben zwei Leben,
und das zweite beginnt,
wenn du erkennst,
dass du nur eins hast.**

*– Mário de Andrade,
wird aber auch öfter Ricardo Gondim
zugeschrieben*

Was du siehst,

hängt davon ab,

nach was du suchst.

Alles ist erleuchtet

Erleuchtung – ein großes Wort. So groß, dass wir meinen, sie sei unerreichbar. Dabei ist Erleuchtung nichts, was in der Ferne liegt oder für das wir uns anstrengen müssen. Im Kern sind wir nämlich alle bereits erleuchtet. Sie ist unser klarer Zustand. Dieser Zustand wird allerdings verschleiert von unserem inneren Gewitter aus sprunghaften Gedanken, Emotionen und Impulsen. In dem Moment aber, in dem sich der Sturm legt, klärt sich der Himmel und wir können klar sehen. Dieser Zustand wird als Erleuchtung bezeichnet.

Geh von nun an mit der Vorstellung durch deinen Tag, dass alle Lebewesen, das ganze Universum und jede Situation erleuchtet ist. Es gibt nur eine einzige Person, die noch nicht erleuchtet ist, sondern kurz vor der Erleuchtung steht, und die bist du. Alle anderen Menschen, Lebewesen und Situationen haben ein und dasselbe Ziel: dir dabei zu helfen, in deine Erleuchtung zu finden. Alles, was geschieht, und alles was andere tun, verfolgt also einen höheren Zweck, nämlich dich auf deinem Weg in die Erleuchtung zu unterstützen.

Alles, was dir widerfährt, ist somit richtig und wichtig.

Bevor du dich also über andere ärgerst oder enttäuscht bist, frag dich:

»Warum tun sie das? Was versuchen sie dir zu zeigen? Wollen sie dir die Gelegenheit geben, gelassener zu werden? Verständnisvoller? Mitfühlender? Demütiger? Dir beibringen, Grenzen zu setzen oder Nein zu sagen?

Nicht nur erspart dir diese Übung eine Menge Frust, vielmehr wandelt sie deinen Alltag auch in etwas Fantastisches, denn denk immer daran: **Alles ist erleuchtet.**

Dem Leben vertrauen

»Alles wird gut« – ein Satz, den jede und jeder von uns bestimmt schon unzählige Male gehört hat. So lieb diese Worte auch gemeint sind, sie helfen uns nicht wirklich weiter. Was aber, wenn nichts gut werden muss, weil nämlich bereits alles gut ist? Spürst du den Unterschied? Ein kleines Wort hat die Macht, dein gesamtes Empfinden zu verändern. »Alles ist gut« gibt Sicherheit und schenkt Vertrauen in das, was ist. Mithilfe der folgenden Impulse kannst du diese vertrauensvolle Sicht auf das Leben stärken.

Nimm die Hände vom Lenkrad

Stresst dich der Gedanke, alles kontrollieren oder perfekt machen zu müssen, weil sonst dein Leben nicht nach Plan verlaufen oder, noch schlimmer, etwas schiefgehen könnte? Das ist nicht nur anstrengend, sondern führt dazu, dass du ein Leben unter konstanter Anspannung führst. Nimm dir vor, sieben Tage lang das Leben weniger zu steuern und zu kontrollieren und schau, was passiert. Sieh, was dir das Leben präsentiert. Du wirst überrascht sein, wie sich die Wege finden, ohne dass du angespannt hinterm Steuer sitzen musst.

Frag dich:
Wo kannst du die nächsten sieben Tage lockerlassen und weniger kontrollieren? Welche Aufgaben kannst du an andere abgeben, in dem Vertrauen, dass sie diese auf ihre Weise lösen werden? Vielleicht liest du ab jetzt nicht jede E-Mail dreimal Korrektur, bevor du auf Senden drückst? Darf der nächste Ausflug spontan passieren, ohne dass du vorher alles durchgeplant hast?

Schätze wert, was gedeiht

Richte deinen Blick nicht nur auf das, was du erreichen willst, sondern auch auf das, was schon da ist. Erinnere dich jeden Tag daran, deine Aufmerksamkeit bewusst auf das zu richten, was bereits in deinem Leben gedeiht und blüht. All das, was du dir in der Vergangenheit so sehr gewünscht hast und was inzwischen so alltäglich für dich geworden ist, dass du manchmal einfach daran vorbeiläufst.

Frag dich:
Was kann ich heute wertschätzen?
Einen besonderen Menschen in deinem Leben?
Ein liebes Wort?
Deine Arbeit?
Deine Wohnung?
Deine Lieblingshose?
Die Pflanzen auf dem Balkon?

Alles, was da ist, will etwas Gutes

Ich lade dich zu einem Gedankenexperiment ein: Erlaube dir für einen Moment, deinen Blick auf Enttäuschungen und Lebenskrisen zu richten. Was, wenn alles, was da ist, etwas Gutes will? Dann kannst du in allem, das anders kommt, als du es gewünscht hast, die Möglichkeit für persönliches Wachstum finden. Jeder schwierige Moment wird zu einer wertvollen Lektion, die ungeahnte Kräfte in dir freisetzt und neue Möglichkeiten aufzeigt.

Frag dich:
Was will mir das Gutes?
Das Ende deiner Beziehung, durch das du wieder mehr Raum hast, dich mit dir selbst zu beschäftigen.
Die Kündigung, die Platz macht für den lang gehegten Wunsch eines Studiums, oder einen ganz neuen beruflichen Weg.
Ein Streit, der dir die Möglichkeit gibt, dich in Vergebung zu üben.
Eine Sinnkrise, die der Beginn der Reise zu dir selbst ist.

Teile deine Geschenke mit der Welt

Geben macht glücklich. Zu diesem Ergebnis sind verschiedene Forschungen im Feld der Positiven Psychologie gekommen, die einen direkten Zusammenhang zwischen dem Maß an Geben und dem Ansteigen des eigenen Glücksempfindens nachweisen konnten. Auch du hast so viel zu geben. Kostbare Geschenke, die du mit der Welt teilst und sie dadurch zu einem schöneren Ort machst. Du bereicherst mit deinem Tun also das Leben anderer und gleichzeitig auch deins.

Diese Übung wird dich dabei begleiten:

Deine Geschenke

Frag dich, was sind deine Geschenke an die Welt? Ein Geschenk trägt immer zum Glück anderer bei. Es hat also einen höheren Zweck als dein eigenes Wohl.

Die Antworten auf folgende Fragen helfen dir, deine Geschenke zu identifizieren:

Wovon braucht die Welt mehr?
Welche Qualitäten müssen deiner Meinung nach auf der Welt gestärkt und gefördert werden?
Nächstenliebe? Gerechtigkeit? Nachhaltigkeit?
Zivilcourage? Was sind die Werte, die du vertrittst?

Das Schenken

Jetzt überlege, wann und wie du deine Geschenke im letzten Monat verteilt hast.

Wann und wo hast du deinen Wert der Welt zur Verfügung gestellt? Und was hat sich dadurch in dem Moment verändert? Für andere und auch für dich? Langfristig und kurzfristig?

Vielleicht hast du eine Freundin durch deine Hilfsbereitschaft entlastet? Vielleicht hast du einen Fremden zum Lachen gebracht? Vielleicht hast du einer Kollegin zugehört und ihr das Gefühl gegeben, nicht allein zu sein. Vielleicht hast du durch das Unterschreiben einer Petition denen eine Stimme gegeben, die keine haben. Vielleicht hast du mit einer Spende Menschen den Rücken gestärkt oder anderen Mut zugesprochen?

Das Versprechen

Wäre es nicht schön, dein Geben zu einem festen Bestandteil deines Lebens zu machen? Zu wissen, dass du durch dein Wirken diese Welt zu einem schöneren Ort machst?

Gib dir genau jetzt das Versprechen, jeden Tag eines deiner Geschenke mit der Welt zu teilen, und nimm wahr, wie sich dein Leben, das Leben der Menschen in deinem Leben und die Welt durch dein Geben verändern. Gib dir dieses Versprechen aus vollem Herzen. Vielleicht magst du dafür in den Spiegel schauen oder dir selbst die Hand reichen – gib dir dieses Versprechen so, als ob du einen heiligen Bund mit dir selbst eingehst.

»Ich gebe mir das Versprechen, ab jetzt jeden Tag eines meiner Geschenke mit der Welt zu teilen.«

Das erwachte Herz

Ganz egal, wie unterschiedlich deine, meine und die Geschichten aller anderen Menschen auch sein mögen, in dem, was uns ausmacht, in unserem Menschsein, sind wir uns alle sehr ähnlich. Wir alle wünschen uns ein Leben in Glück, Zufriedenheit und Gesundheit, aber wir teilen noch etwas: die Tatsache, dass wir leiden. Die Gründe für unser Leid sind vielleicht verschieden, das Gefühl aber das gleiche. Wenn wir uns dieser Tatsache bewusst sind, dann kann wahres Mitgefühl und tiefes Verständnis füreinander entstehen.

Im Buddhismus werden diese Qualitäten »Boddhichitta« genannt, was »erwachtes Herz« bedeutet. In der folgenden Meditation wirst du dein »Bodhichitta« kultivieren:

Atme einmal tief durch. Spüre dein Herz.
Wenn du magst, leg eine Hand auf dein Herz.

Sprich jetzt die folgenden Herzenswünsche für dich, egal, ob laut in den Raum oder als leises Flüstern in deinen Gedanken. Wiederhole jeden Herzenswunsch so oft, wie es sich für dich richtig anfühlt. Lass jedem Wunsch Raum und lass ihn wirken.

> *Möge ich glücklich sein.*
> *Möge ich zufrieden sein*
> *Möge ich gesund sein.*

Bringe nun deinen Fokus für einen kurzen Moment zurück zu deinem Atem. Atme tief durch. Denk an einen Menschen, der dir sehr wichtig ist. Einen Menschen, den du liebst, und sprich für ihn die Herzenswünsche:

Mögest du glücklich sein.
Mögest du zufrieden sein.
Mögest du gesund sein.

Atme noch einmal tief ein und aus. Jetzt denk an eine Person, mit der es gerade schwierig ist. Eine Person, mit der es einen Konflikt gibt. Sprich jetzt auch für diese Person deine Herzenswünsche.

Mögest du glücklich sein.
Mögest du zufrieden sein.
Mögest du gesund sein.

Jetzt ist es an der Zeit, deine Herzenswünsche für alle Menschen zu sprechen. Stell dir dafür vor, wie du die Herzenswünsche in Form goldener Strahlen in die vier Himmelsrichtungen aussendest. Visualisiere hierfür zuerst die Länder und Kontinente nördlich von dir, dann die im Osten, im Süden und im Westen, und dann sprich die Herzenswünsche an alle Bewohner dieser Erde.

Mögen wir glücklich sein.
Mögen wir zufrieden sein.
Mögen wir gesund sein.

Dein Herz ist die Sonne, die ihre Strahlen der Liebe in alle Himmelsrichtungen aussendet. Wie die Sonnenstrahlen unterscheiden auch deine Strahlen der Liebe nicht, auf wen sie scheinen, sondern wünschen uns allen Glück, Zufriedenheit und Gesundheit.

Von Herzen geben, statt festzuhalten

Aus buddhistischer Sicht ist das Festhalten, auch Anhaftung genannt, der Grund für unseren emotionalen Schmerz. Wir halten fest an Vorstellungen, Erwartungen und Ansprüchen an andere, aber vor allem an uns selbst. Das wiederum führt dazu, dass wir kämpfen, mit anderen, aber vor allem mit uns selbst.

Alles, was wir geben, an dem halten wir nicht mehr fest. Wenn wir uns also in Großzügigkeit üben, üben wir uns gleichzeitig auch immer im Loslassen. Zum Geben müssen wir nicht reich sein. Weder an Geld noch an Zeit, denn was wir einander immer geben können, ist einen Moment unserer Aufmerksamkeit.

Statt zu fragen: »Wie geht es dir?« versuche es einmal mit »Was beschäftigt dich?«. Mit dieser Frage signalisierst du deinem Gegenüber dein wahres Interesse. Du schenkst ihm damit nicht nur deine Aufmerksamkeit, sondern auch den Raum, sich selbst Aufmerksamkeit zu schenken.

Lokah Samastah Sukhino Bhavantu

Das Mantra
»Lokah Samastah Sukhino Bhavantu«
bedeutet übersetzt:

»Mögen alle Wesen glücklich sein.«

Dieses Mantra geht auf die Aussage Buddhas zurück, dass alle fühlenden Wesen sich nichts anderes wünschen, als frei von Leid zu sein, und wir als Einzelne unseren Beitrag dazu leisten können.

Während du das Mantra wiederholst, stell dir vor, dass du mit deiner Liebe und deinem Mitgefühl alle Wesen einhüllst, um sie vor Leid zu schützen. Deine Empathie muss mit dem Mantra nicht enden. Ganz im Gegenteil. Es ist eine Einladung, unsere Augen auch abseits des Meditationskissens nicht zu verschließen vor dem Leid anderer, sondern füreinander einzustehen und uns gegen Unterdrückung, Ausbeutung, Rassismus und Gewalt einzusetzen.

Die Welt ist ein schönerer Ort, weil du ein Teil von ihr bist. Ich hoffe, du weißt das.

ZUM SCHLUSS …

***Jedes Ende ist auch ein Anfang.
Du weißt es nur noch nicht.***

Liebe Leserin, lieber Leser, zu diesen Worten möchte ich dir eines anvertrauen: Ich weiß es oft auch nicht. Es fällt mir schwer, gewohnte Muster gehen zu lassen. Ja, es fällt mir sogar schwer, mein »Ich genüge nicht« gehen zu lassen! Denn egal, wie sehr wir unter ihnen leiden, unsere alten Glaubenssätze sind schon seit so langer Zeit bei uns, dass sie zu unserem Zuhause geworden sind. Dieses Zuhause ist zwar nicht bequem eingerichtet, die Vorhänge lassen kein Licht hindurch, und die Luft ist stickig. Doch wir denken: »Wer weiß, was mich draußen erwartet! Die Welt ist so unsicher! Immerhin ist das hier ein Dach über dem Kopf.« Wir trauen uns nur selten vor die Tür. Und wenn, dann wagen wir es beinahe nie, die Tür hinter uns zuzuziehen und ins Ungewisse loszulaufen. **Doch da, genau da, ist das Ende des alten Kapitels und der Anfang unseres neuen Lebens.**

Mir geht es genauso wie dir. Ich schreibe dieses Buch mit all seinen Übungen, Ideen und schönen Geschichten nicht nur für dich, sondern auch für mich. Coachin zu sein, zu meditieren, Dankbarkeit zu praktizieren – all das bedeutet nicht, dass ich stets voller Mut voranschreite. Ich zögere, ich stolpere, ich gehe rückwärts, ich verstecke mich. **Der Anfang meines neuen Lebens ist immer da, wo ich mich traue, ein altes zu beenden. Ich weiß es nur oft noch nicht.**

Ich möchte dich für einen Moment mitnehmen in meine ganz eigene Geschichte. Es ist ein Donnerstag im November 2021. Mein Wecker klingelt. Er zeigt 6:45 Uhr. Ich öffne meine Augen. Der Blick aus dem Fenster verrät, die Straße schläft noch. Meine Füße berühren den Dielenboden. Ich sitze auf der Bettkante. Meine Gedanken hasten kopfüber in den Tag. Ich stehe kurz vor der Abgabe des Manuskriptes dieses Buches. Die letzten Wochen und Monate sind in das Buch geflossen. Die Jahreszeiten haben sich währenddessen gewandelt. Der Winter steht vor der Tür.

Sollte ich mich nicht eigentlich freuen? Stolz sein? Erleichtert? Aber halt! Warum fühle ich mich leer? Warum spüre ich Rastlosigkeit? Ist es der Blick auf meinen Social Media Feed, der mich in alle Winde zerstreut? Der Stapel ungeöffneter Briefe, der aus der Schublade quillt? Das Konfliktgespräch, von dem ich weiß, dass es nötig ist, aber mir Zeit und Mut fehlen? All die bevorstehenden Termine? Oder die nächsten Projekte, in die ich mich schon Hals über Kopf gestürzt habe? Wo bin ich in all dem? Zwei Minuten wach und schon verloren? Nein, ich stürze mich jetzt nicht einfach in meinem Tag, nur um mich zu finden. Nur um mir zu beweisen, dass ich da bin.

Ich tue das, was mir in solchen Moment am meisten hilft: Ich schließe meine Augen. Hand aufs Herz. Atme ein und atme aus. Zumindest kann ich spüren, wie meine Hand sich im Rhythmus des Brustkorbes mitbewegt. Ich atme weiter. Mit jedem Mal ein wenig tiefer. Und jetzt auf der Kante meines Bettes, mit meinen nackten Füßen auf dem kalten Holzboden, inmitten eines dunklen Berlins, umgeben von der Morgendämmerung kann ich es plötzlich fühlen: Ich bin da. Ich kann mich spüren. Ich bin da. Das reicht. Mehr braucht es nicht. Alles Lebendige geht genau von diesem Punkt in mir aus. Das ist genug. Ich stehe auf, ziehe meinen Kapuzenpulli über, wecke meinen Sohn, gehe in die Küche, drehe die Musik auf und mache Frühstück. Das Brot ist aus. Egal. Alles ist gut. Es ist genug. Ich bin genug. Ich weiß es manchmal nur nicht ... noch nicht!

Liebe Leserin, lieber Leser: Es braucht nicht viel, damit sich auf einmal alles ändert. Ein kurzes Innehalten. Ein tiefes Ein- und Ausatmen. Eine andere Perspektive. Immer wieder aufs Neue. Denn das alles ist ein Prozess. Wenn es dir manchmal auch so geht, wenn du dich leer fühlst, zu klein, zu wenig, wenn du kämpfst oder stolperst, dann wünsche ich mir, dass du dieses Buch als deine sanfte Erinnerung an dein wahres Selbst nutzen wirst. Du kannst es an jeder Stelle aufschlagen und dich selbst wiederfinden. Lass dich von einer der Geschichten inspirieren, einer der Meditationen kräftigen oder wandle mit einer der Übungen den Blick auf dich. Dieses Buch möchte für dich da sein, inmitten deines Alltags, dem frühen Aufstehen, den Terminen, Rechnungen und Fristen, langen Einkaufslisten, den Ambitionen, den Enttäuschungen, dem Glück. Denn alles, was wir suchen, finden wir zu jeder Zeit und an jedem Ort, wenn wir genau hinschauen: hinter unserem »Nicht genug«. Und weit darüber hinaus.

Du, ich, wir alle sind ein Wunder. Ein perfektes Kunstwerk des Universums. Ein Meer, ein Tal, ein Wasserfall, eine bunte Wiese. Vielleicht alles zugleich. Vielleicht temporär bedeckt von Schnee oder zerzaust von heftigem Wind. Doch nie weniger als ein Wunder. Einzigartig, wahr und jede Freude verdienend. Das bist du. Fühle es. Atme es. Sei es. Und dann entfaltet sich eine wunderschöne Wahrheit. Du bist, warst und wirst es immer sein: mehr als genug.

DANKE

Danke, Nathi. Du bist mein Herz.
Danke, Mike. Dir gehört mein Herz.

Ich danke all den unfassbar tollen und talentierten Menschen, die gemeinsam mit mir an diesem Buch gearbeitet haben. Ich bin unendlich dankbar, dass ihr mir eure Expertise und Zeit geschenkt habt, um meiner Vision Leben einzuhauchen.

Spezieller Dank geht an:

Julia Bauer. Danke für deine Präzision, Weitsicht und klare Meinung. Ich weiß alles drei so sehr zu schätzen. Ab jetzt nur noch Bücher mit dir als Lektorin.

Sarah Raidt. Danke für die Gestaltung des Buches und die wunderschönen Illustrationen, an denen ich mich gar nicht sattsehen kann.

Sabine Jaenicke, Michelle Hegmann, Regina Denk und das gesamte Droemer-Knaur-Team. Danke, dass ihr mir die Möglichkeit gegeben habt, dieses Buch nach meinen Vorstellungen zu schreiben und mir gleichzeitig als Verlag immer zur Seite steht.

Sophie Raml. Danke, dass du mich von Tag eins an ermutigt hast, dieses Buch zu schreiben und mir den Weg frei geräumt hast.

Ina Bastians. Danke, dass du mir den Rücken freigehalten hast, damit ich dieses Buch schreiben konnte.

Michael Kurth. Danke fürs Wind unter die Flügel pusten.

Marcus Hofmann. Danke, dass du als mein Anwalt immer mein Bestes im Blick hast.

Rim Zemuye. Danke, dass du mich mit deinen Hair & Make-up Skills auf den Autorenfotos scheinen lässt.

Lilika Strezoska. Danke, dass du mein Wesen auf den Autorenfotos eingefangen hast.

Danke, liebe Leserin, lieber Leser, dass dieses Buch zu dir finden durfte. Du bist der Grund, warum es dieses Buch gibt.

Besuchen Sie uns im Internet:
www.knaur-balance.de

Aus Verantwortung für die Umwelt hat sich die Verlagsgruppe Droemer Knaur zu einer nachhaltigen Buchproduktion verpflichtet. Der bewusste Umgang mit unseren Ressourcen, der Schutz unseres Klimas und der Natur gehören zu unseren obersten Unternehmenszielen. Gemeinsam mit unseren Partnern und Lieferanten setzen wir uns für eine klimaneutrale Buchproduktion ein, die den Erwerb von Klimazertifikaten zur Kompensation des CO_2-Ausstoßes einschließt. Weitere Informationen finden Sie unter: www.klimaneutralerverlag.de

FSC www.fsc.org MIX Papier aus verantwortungsvollen Quellen FSC® C004592

Originalausgabe Mai 2022

Ein Imprint der Verlagsgruppe
Droemer Knaur GmbH & Co. KG, München

Untersützung in der Konzeptentwicklung, redaktionelle Betreuung, Lektorat: Julia Bauer
Covergestaltung: Isabella Materne, München
Coverabbildung: Djero Adlibeshe / AdobeStock.com
Illustrationen im Innenteil: Sarah Raidt,
teilweise unter Verwendung von Elementen von Shutterstock.com (Goldstruktur: KISSOBLUE) und Stock.Adobe.com (Batikflächen: Djero Adlibeshe)
Satz: Adobe InDesign im Verlag nach Vorlage von Sarah Raidt
Druck und Bindung: Firmengruppe APPL, aprinta druck GmbH, Wemding
ISBN 978-3-426-67617-2

5 4 3 2 1